# 公路工程管理与施工技术研究

主　编　刘　捷　栗　飞　栾琪琳

副主编　李　威　王　婧　柳　毅

　　　　满伟天　李　培　李小峰

编　委　马　晗

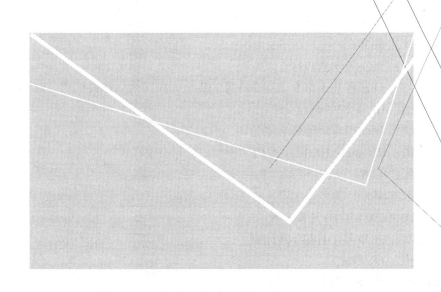

汕頭大學出版社

**图书在版编目（CIP）数据**

公路工程管理与施工技术研究 / 刘捷，栗飞，栾琪琳主编. -- 汕头：汕头大学出版社，2024. 10.

ISBN 978-7-5658-5425-5

Ⅰ. U415

中国国家版本馆CIP数据核字第20240BA626号

公路工程管理与施工技术研究
GONGLU GONGCHENG GUANLI YU SHIGONG JISHU YANJIU

主　　编：刘　捷　栗　飞　栾琪琳

责任编辑：郑舜钦

责任技编：黄东生

封面设计：刘梦杏

出版发行：汕头大学出版社

　　　　　广东省汕头市大学路 243 号汕头大学校园内　邮政编码：515063

电　　话：0754-82904613

印　　刷：廊坊市海涛印刷有限公司

开　　本：710mm×1000mm　1/16

印　　张：11.5

字　　数：195 千字

版　　次：2024 年 10 月第 1 版

印　　次：2025 年 1 月第 1 次印刷

定　　价：68.00 元

ISBN 978-7-5658-5425-5

如今就我国的公路工程施工而言，虽然发展十分快速，但是项目施工存在较多的问题，如检查管理的不严格以及施工质量差等，这些问题的出现会对公路工程的安全有着直接影响，并且由于施工人员自身的专业素质并不高，也会限制公路工程的发展。因此在公路工程进行建设时，不仅需要对公路工程的施工技术引起足够的重视，也需要根据我国实际的国情必须对施工工艺技术进行完善，并且采取相应的措施保证公路工程的建设顺利进行，促进我国交通事业的快速发展。

公路工程建设产品复杂多样，施工中需要投入大量人力、财力、物力、机具等，同时，需要根据施工对象的特点和规模、地质水文气候条件、图纸、合同及机械材料供应情况等，充分做好施工准备、施工技术工艺、施工方法方案等，以确保技术经济效果，避免出现事故，这就对工程建设施工管理技术人员提出了较高的要求。

公路工程施工项目属于一次性工程，其特点是规模大、变动因素多、施工单位流动性强、行业竞争激烈，这些特性既要求必须加强项目的管理工作，使公路施工企业按照项目管理要求设置施工组织机构，组建施工队伍，对工程项目实施过程组织，又要保证工程进度、质量、劳动、机械、材料、成本、安全、环境、资料、竣工验收等方面能相互协调，并得到很好的控制，以保证项目顺利完成。同时，新技术、新工艺、新设备、新材料的不断涌现，对公路工程人员的要求越来越高。公路工程基层施工组织中的技术人员的业务水平和管理能力的高低，已经成为公路工程建设项目能否有序、高效、高质量完成的关键。公路工程项目管理的实务在于注重实用性、可操作性，注重项目管理知识体系的完备性，力求将管理学基本原理、项目管理的基本理论与公路工程施工项目的特殊性相结合，读者通过对本书的阅读，能对公路工程施工项目管理的特殊性有较深入的认识，能形成较为系统、全面，整体优化的管理理念，能对公路工程施工项目管理中存在的问题找出较合理的解决措施。

　　本书围绕"公路工程管理与施工技术研究"这一主题，以城际高速公路建设为切入点，由浅入深地阐述了高速公路的技术标准、设计要点、改扩建工程交通组织设计、施工安全管理等，并系统地论述了公路工程施工技术、公路桥梁施工技术、公路隧道工程施工技术等内容。此外，本书对公路工程项目施工过程管理进行了实践探索，介绍了公路工程施工项目质量管理。本书内容翔实、条理清晰、逻辑合理，兼具理论性与实践性，适用于从事相关工作与研究的专业人员。

　　由于写作时间和编者水平有限，文中难免有疏漏及不妥之处，恳请广大读者批评指正，以便做进一步的修改和完善。

第一章 城际高速公路建设 ·············································· 1

　　第一节 高速公路的技术标准 ······································ 1

　　第二节 高速公路的设计要点 ······································ 6

　　第三节 高速公路改扩建工程交通组织设计 ················· 12

　　第四节 高速公路施工安全管理 ································· 19

　　第五节 高速公路建设灾害预警 ································· 25

第二章 公路工程施工技术 ·········································· 30

　　第一节 公路工程施工概述 ········································ 30

　　第二节 公路路基施工 ··············································· 38

　　第三节 公路路面施工 ··············································· 49

　　第四节 高速公路绿化景观施工 ································· 58

　　第五节 立交桥施工技术 ··········································· 66

第三章 公路桥梁施工技术 ·········································· 72

　　第一节 桥梁工程的组成 ··········································· 72

　　第二节 桥梁下部施工技术 ········································ 77

　　第三节 桥梁上部施工技术 ········································ 88

　　第四节 涵洞施工技术 ··············································· 91

第四章 公路隧道工程施工技术 ··································· 97

　　第一节 隧道工程围岩分级和施工方法的选择 ·········· 97

　　第二节 隧道工程的超前地质预报 ···························· 98

　　第三节 隧道工程的施工 ·········································· 107

　　第四节 不良地质和特殊地质隧道工程处置技术 ······ 114

　　第五节 隧道工程的施工质量控制与安全施工 ·········· 127

　　第六节 隧道工程质量通病及防治措施 ···················· 132

**第五章 公路工程项目施工过程管理** ·················································· 139

第一节 公路施工过程及组织原则 ·································· 139

第二节 施工过程的组织方法 ·········································· 142

第三节 流水施工原理 ···················································· 146

第四节 流水作业图 ························································ 148

第五节 网络计划技术 ···················································· 150

**第六章 公路工程施工项目质量管理** ·················································· 161

第一节 施工项目质量计划 ············································ 161

第二节 质量控制方法 ···················································· 162

第三节 施工工序质量控制 ············································ 168

第四节 工程质量问题的分析与处理 ······························ 172

**参考文献** ···························································································· 177

# 第一章  城际高速公路建设

## 第一节  高速公路的技术标准

所谓公路的设计标准，就是在公路设计时为使各断面组成的线形要素之间保持相互均衡而制定的技术标准。不同的道路等级具有不同的技术标准，等级越高技术标准越高，而高速公路等级为最高。对于一个设计路段，设计标准应尽量保持一致。

### 一、高速公路的技术标准分析

#### (一) 设计车辆

(1) 原因：设计道路最基本的目的就是使车辆能在其上行驶，所以，设计车辆是高速公路设计的重要依据之一。

(2) 定义：设计车辆是设计所采用的代表性车型。

(3) 设计：如果实际车辆尺寸与设计车辆不一致，则以规定的设计车辆外廓尺寸、重量、转动特性等特征作为道路设计依据。我国的汽车种类很多，随着改革开放和汽车市场的日益国际化，汽车品种会不断增加和变化，设计车型应能代表这些汽车中的大部分。为了更好地做到这一点，设计车型实际上并不一定是某一种具体牌号的汽车，其外形尺寸往往是虚构的，但能代表某一类的汽车。

(4) 作用：主要用于制定公路设计各项控制指标，其外形尺寸直接影响公路的平面设计，如曲线半径、车道宽度、弯道加宽、视距及净空高度等。设计车辆的动力性能则与纵断面的最大纵坡、坡长有关。

(5) 几种设计车型：在设计时，必须考虑远景汽车交通的情况及有关指标的变化。目前，我国高速公路在设计时主要按小汽车和中型载重汽车考虑。小汽车主要从视距要求考虑，而中型载重汽车主要从外形尺寸和动力性能考虑，考虑到集装箱运输的发展，半挂车也应作为主要设计车型。

### (二) 设计车速

汽车在道路上以一定车速行驶，除了车辆本身要有良好的性能外，还要求道路提供相应的技术保证。例如，行车部分的宽度、道路的平面线型、纵坡是否平缓，道路的几何形状乃至路面质量等均与行驶速度有关，即设计车速是确定公路线形几何设计的基本要素之一。行驶速度不同，对道路的要求亦不相同，因此道路设计前所确定的计算行车速度是道路设计的一项重要依据。

1. 设计车速的定义

设计车速 (计算行车速度) 是公路设计最基本的设计依据。道路几何设计所采用的车速，称为计算行车速度，也称设计车速，它是在气候良好、交通量小、路面干净的条件下，中等技术水平的驾驶员在道路受限制部分能够保持安全、舒适行驶的最大速度。

2. 设计车速的确定

计算行车速度值会影响道路的规模，并影响道路建设投资。

(1) 设计车速的确定考虑了汽车行驶的实际需要和经济性，是汽车行驶要求与经济性平衡的结果。

(2) 汽车的行驶要求表现为汽车的最高时速，即汽车的机械性能所能达到的最高速度。不同车辆的最高时速是不同的。公路的设计车速不可能也没有必要达到这一速度，但应尽量满足汽车机械性能的发挥。

(3) 汽车行驶的经济性要求表现为汽车的经济时速，即汽车的机械损耗和燃油消耗为最小的车速，汽车越接近经济时速运营费用就越低。但从时间效益考虑，通常驾驶员不会追求以经济时速行驶。因此，设计车速应该是最高时速与经济时速之间的一个速度。

3. 设计车速的取值

设计车速的取值要根据道路类别、级别、地形特征等具体情况抉择，并在道路设计规范或技术标准一类文件中有所规定。远离城市的公路设计车速相对较高，而市郊公路的设计车速则相对较低；公路等级高，则多考虑行车要求，公路等级低，则多考虑经济性；平原区公路工程实施较容易，则设计车速定得较高，山岭区地形起伏，工程实施困难，则设计车速定得较低。

**（三）高速公路设计车速**

根据高速公路的运营要求与交通需求的变化和上述确定设计车速的原则，我国《公路工程技术标准》(JTG B01—2014)(以下简称《标准》) 规定：

（1）高速公路一般选用 120km/h 的计算行车速度，当受条件限制时，可选用 100km/h 或 80km/h 的计算行车速度，对个别特殊困难路段，允许采用 60km/h 的计算行车速度，但应经过技术经济论证。与以前的技术标准不同，现行技术标准中高速公路的设计车速不再与地形直接相关，设计人员可根据交通量、交通组成和性质，结合地区、地形特点，考虑技术和经济条件，选定合理的计算行车速度。

（2）对于高速公路，设计车速应以小客车为主考虑。虽然目前我国高速公路上行驶的车辆种类仍较多，大货车也有相当比例，但车辆性能正在不断地改善，实际运行车速呈增大趋势，以小客车作为确定高速公路设计车速的标准是合适的。

（3）对同一条高速公路，如果途经的地区地形有较大差异，设计车速可根据实际情况分段确定。但是，为了保证行车的连续性，应注意以下几点。

①分段之间的设计速度差一般按 20km/h，为一级，并应设置相应的限速标志。

②不同设计车速分段不宜过短，通常高速公路分段长度不宜小于 20km。

③需要改变计算行车速度时，应设置过渡段，过渡段长度可根据具体地形条件结合各方面的使用效果灵活确定。

④计算行车速度变更点的位置，应选择在驾驶人员能够明显判断路况发生变化而需要改变行车速度的地点，如村镇、车站、交叉口或地形明显变化等处，并应设置相应的标志。高速公路一般选用 120km/h 的计算行车速度，当受条件限制时，可选用 100km/h 或 80km/h 的计算行车速度。对个别特殊困难路段，允许采用 60km/h 的计算行车速度，但应经过技术经济论证。

## 二、交通量的设定

### (一) 概念

交通量是指在单位时间内通过道路某一地点或某一断面的车辆数量或行人数量。前者称车流量，后者称人流量。

### (二) 交通量的作用及影响因素

(1) 交通量是道路规划、设计和交通规划、交通管理的依据。

(2) 交通量的大小与经济发展速度、文化生活水平、气候、物产等多方面因素有关，并且随时间的不同而变化。

(3) 进行道路设计时，常用的交通量如下：

①平均交通量：交通量不是一个静止的量，它是随时间变化的，在表达方式上通常取某一时段内的平均值作为该时段的代表交通量。例如，年平均日交通量就是将一年内的交通量总数除以当年的总天数所得出的平均值。常用的平均日交通量还有月平均日交通量、周平均日交通量以及任意期间 (依特定分析目的而定) 的平均日交通量等。

②高峰小时交通量：一天中各小时的交通量不均衡，一般上下午各有一个高峰，交通量呈现高峰的那一个小时称为高峰小时。所以，一定时间内 (通常指一日或上午) 交通量出现的最大小时交通量称为高峰小时交通量 (指一天内的交通高峰期间连续 1h 的最大小时交通量)。

③第 30 位小时交通量：将一年当中 8760 小时的小时交通量，按大小次序排列，从大到小排列序号为第 30 位的那个小时的交通量，称为第 30 位小时交通量。将一年中 8760 小时交通量依大小次序排列，然后计算出每一小时交通量与年平均日交通量之比值，称为小时交通量系数，以此为纵坐标，以排列次序为横坐标，可以绘制出一年中小时交通量曲线图。

### (三) 设计交通量

作为道路规划和设计依据的交通量，称为设计交通量。进行道路规划和设计，必须考虑交通量随时间变化出现高峰的特点。若以平均日交通量或平均时交通量作为设计依据，必将在很大一部分时间内不能满足实际交通量的通行要求而发生交通拥挤阻塞；若按年最大的小时交通量作为设计依据，又嫌偏大而浪费。美国和日本的研究认为，取一年的第30位最大小时交通量作为设计小时交通量，即将一年中测得的8760小时交通量按大小顺序排列，取序号为第30位的小时交通量作为设计交通量。

### 三、道路路段通行能力

#### (一) 通行能力

1. 基本概念

通常定义为在一定的道路、交通状态和环境下，单位时间内（良好的天气情况下），一条车行道或道路的某一断面上能够通过的最大车辆或行人数量，亦称道路容量、交通容量，或简称容量。一般以辆 / 小时、人 / 小时表示，亦有用辆 / 昼夜或辆 / 秒表示的。车辆多指小汽车，当有其他车辆混入时，均采用等效通行能力的当量小客车单位。

2. 注意事项

在我国公路方面采用当量解放牌汽车为单位，城市采用当量小汽车为单位。注意以下几点：

(1) 特定的道路和交通条件下。

(2) 车辆数 (车辆中有混合交通时，则采用当量交通量)。

(3) 与交通量的关系：

①区别：道路通行能力与交通量概念不同，交通量指某时段内实际通过的车辆数。道路通行能力是一定条件下通过车辆的极限值，不同的道路条件和交通条件下，有不同的通行能力。

②二者联系：一般情况下，交通量均小于道路的通行能力。

(4) 在交通量小得多的情况下，驾驶员可以自由行驶，可以变更车速、转移车道，还可以超车。

(5) 交通量等于或接近于道路通行能力时，车辆行驶的自由度就明显降低，一般只能以同一速度列队循序行进。

(6) 当交通量稍微超过通行能力时，车辆就会出现拥挤甚至堵塞。所以，道路通行能力是一定条件下通过车辆的极限值，不同的道路条件和交通条件下，有不同的通行能力。

（7）通常在交通拥挤经常受阻的路段上，应力求改善道路或交通条件，以期提高通行能力。

3.影响因素

影响道路通行能力的主要因素有道路状况、车辆性能、交通条件、交通管理、环境、驾驶员技术和气候等。此外，有些影响因素至今尚未能做出定量的分析，因此，目前国内外不少专家学者致力于确定和提高通行能力的研究。

### （二）机动车通行能力的类别

基本通行能力是指道路与交通处于理想情况下，每一条车道（或每一条道路）在单位时间内能够通过的最大交通量。理想的道路条件主要：车道宽度应不小于3.65m，路旁的侧向余宽不小于1.75m，纵坡平缓并有开阔的视野、良好的平面线形和路面状况。

交通的理想条件主要：车辆组成为单一的标准型汽车，在一条车道上以相同的速度，连续不断地行驶，各车辆之间保持与车速相适应的最小车头间隔，且无任何方向的干扰。

# 第二节　高速公路的设计要点

## 一、高速公路的路面设计要点

### （一）沥青路面设计概要

沥青路面由于其良好的行驶性能，已经成为各种高等级公路和主干道路的首选结构形式，沥青路面占80%～90%。

1.主要形式

由于我国气候和自然环境十分复杂，加上近年来超载运输现象十分严重，建成通车的高等级公路上出现了较大面积的路面早期损坏，其主要形式包括：

(1) 半刚性基层沥青路面出现反射裂缝；

(2) 沥青面层水稳定性损坏 (松散、坑槽等)；

(3) 高温稳定性病害 (车辙)。

路面的早期损坏不仅造成了巨大的经济损失，而且影响到了交通行业的社会形象和可持续发展。

2. 设计方法

(1) 力学分析。我国现行的《公路沥青路面设计规范》(JTG D50—2017) 采用弹性层状体系作为力学分析基础理论，以双圆垂直均布荷载作用下的路面整体沉降 (弯沉) 和结构层的层底拉应力作为设计指标，以疲劳效应为基础，处理轴载标准化转换与轴载多次重复作用效应。

(2) 路面工程。路面工程应根据使用要求及气候、水文、土质等自然条件，密切结合本地区实践经验，在满足交通量和使用要求的前提下，遵循因地制宜、合理选材、方便施工、利于养护、节约投资的原则，对可选方案经过全面的技术经济比较，确定最佳设计方案。设计中通过对不同基层材料组成设计试验，确定最佳设计配合比，以减轻路面的早期反射裂缝、唧浆等破坏，从而延长路面的使用寿命。

(3) 路面面层。沥青路面面层应注意高 (低) 温下的稳定性、耐久性、抗滑能力和抗渗能力，设计中通过面层结构材料的合理选材、骨料的合理级配等措施。

(4) 合理、慎重地使用 SMA。合理、慎重地使用 SMA、改性沥青等新材料、新技术，改善路面整体使用性能。然而，对于现有的国内外沥青路面设计规范主要是以经济为主，并没有考虑到道路的重载、超载以及交通量的迅速发展。因此，随着经济的快速发展，设计一条既能符合交通需求，也能满足经济效益的高速公路是道路发展的当务之急。

**(二) 选线设计要点**

公路路线设计及选择时，应尽可能地利用荒坡、荒地、滩涂等荒芜土地，而少占耕地、少拆迁。一般来说，选线的侧重点会根据沿线具体情况来选择。

1. 山区公路

对山区的公路来说，一般主要考虑了地质灾害的可治性以及发生后的处理费用等，而忽略了保护耕地资源，增加了工程中的耕地占用量。

2. 山区耕地

山区耕地形状一般极不规则，如果修筑公路，会使其变得更加支离破碎。因此，在路线选择时，要充分顺应地形、地貌，确保山体平衡体系不被破坏，避免大挖大填，加强桥梁隧道的设计，使路线与周围环境融为一体。

3. 平原地区

相对山区来说，平原地区的地质条件要好得多。但平原地区有大量的耕地、房屋，一旦修筑公路，就会占用大量的耕地，甚至造成拆迁。因此，设计路线时应特别注意对土地，尤其是耕地资源的影响。

4. 少占耕地，少拆迁

在路线的控制节点确定之后，应综合考虑各种因素，尽可能少占用耕地，少拆迁。可将避开高产良田作为设计线路的重要因素，尽量选择荒地或低产田通过，节约耕地良田，以保护环境。

## (三) 面层组合设计

国外的耐久性路面（长寿命路面）追求的寿命是50年，即50年不进行结构性维修。

长寿命沥青路面结构主要有如下特点：

1. 100～150mm 区域

轮载下 100～150mm 区域是高受力区域，也是各种损坏（主要是轮辙）的发生区域。

2. 40～75mm 区域

面层 40～75mm 高质量沥青混凝土为车辆提供良好的行驶界面，应具有足够的表面构造深度，抗车辙、水稳定性好。

3. 100～175mm 区域

中间层 100～175mm 高模量抗车辙沥青混凝土起到连接和扩散荷载的作用，应具有高模量、抗车辙特性。

## 二、高速公路路线设计的概述

### (一) 传统的路线设计概念

1. 公路平面线形设计

公路平面线形设计就是如何正确地运用平面技术标准, 定出公路的平面几何尺寸, 如公路纵面线形设计。

2. 合理采用纵坡技术标准, 定出纵面的几何尺寸

这两方面的技术标准运用好了, 几何尺寸定出来了, 就算路线设计好了。

3. 汽车保有量快速攀升

随着公路交通行业以及汽车行业的迅猛发展, 如今的汽车保有量正处于一个快速攀升的阶段, 导致公路的实际交通量不断增加, 使得越发频繁地出现了各类交通事故。

4. 工程学以及设计学的涉及

合理的公路线路设计不能仅仅停留在几何的角度, 还应涉及工程学以及设计学等领域。高速公路路线的设计应该在充分符合汽车行驶所需的力学条件的基础上力求满足驾驶员的生理条件。

5. 针对地形地物进行设计

应该针对地形地物等情况来进行设计, 使得设计更能够兼顾到各种因素的影响, 如保护环境以及实现合理有效的经济运营等多方面因素。因此, 高速公路的线路设计工作是非常重要的。

6. 线路的设计至关重要

对公路进行设计, 对其线路的设计是非常重要的一关。就拿高速路为例, 只要路线建筑好了, 就会影响到本地路段的社会与经济效益, 说明高速公路线路的设计是影响到所涉地区经济和民生的大事。公路路线设计的从业人员在进行路线设计时, 应该考虑到所涉当地的实际情况, 如是否影响当地生态环境等因素。因此在进行公路建设的时候, 设计正确的路线是非常重要的。

### (二)影响高速公路线路设计的相关因素

对高速公路进行设计时，其设计方案的确定是受很多方面的影响的。总的来说，受到地质的影响、生态环境的影响、地形以及工程的造价等因素的影响，公路路线的一些施工方案在进行设计时都是必须进行考虑及考量的。这就要求根据实际的情况及影响程度进行具体分析，设计出合理经济的公路路线。

1. 地质因素影响

在对高速路进行建设时会碰到很多地质方面的问题，其中就包括软土与软弱土等土质、滑坡、坍塌与泥石流等情况。对这些问题来说，对公路安全的危害非常大，对其后期养护和运行的影响也非常大，地质的因素对整个方案都是起决定性作用的。不好的地质在影响整个路段分布的同时，纵面地形的分布也影响了整体的方案。因此，在建设高速路时地质的勘测是必不可少的，这也反映了高速公路路线设计的重要性。

2. 地形因素影响

这些年来，中国的高速公路建设非常快，很多的路段都是铺设在山区之中。这些地方的地形特别复杂，地的表面陡且不平，建设的任务十分艰巨。假如要降低工程的难度与投资就必须将路段适应其山区的地形。例如，一些路面就需要沿着河流进行铺设，一些路线就必须从山区穿过。总的来说，其地形复杂多样，不管是哪种地形，最开始就必须合理地利用。一些地形很复杂，但是只要合理地利用，最终的效果就会很好。因此，挑选适当的地形对高速公路的设计人员来说是非常重要的。

3. 设计环境保护因素的影响

以往的工程建设的理念把太多的精力都放在了功能与经济方面，环境方面并没有太多的考虑，高速公路的工程实施对于生态的破坏是非常严重的，造成了很多负面的影响。大面积地使用林地与耕地，很多的庄稼都损失了，还对绿化造成一定程度的破坏，影响了自然的生态平衡，对高速路进行设计时，大多数都是选择直接穿过某些特殊的环境区。例如，湿地以及保护区，并且就算是没有办法避开的话，也没有使用相应的方法对其进行保护，这样对于整个自然状态的影响就非常明显了。在选择高速路工程实施方案时，并不会进行文物的勘察，更别说公路沿路的古物了，碰到这些情况时并没有相应的解决措施，说明了正确的公路路线的设计对环境和文物保护的重要性。

## 三、设计中需要注意的相关问题

### (一) 平、纵、横同步的精细设计

公路是三维的带状构造物，平、纵、横的设计信息集中在一起才能反映真实的设计情况。公路地形在很小的范围内也可能产生很大的变化，路线平、纵面稍微移动就能产生截然不同的结果，这就要求路线设计应该平、纵、横同步精细设计，以互相检验设计的合理性，这在局部路线优化时尤为重要。

1.应采用曲线形设计法

在当前高速公路的建设中多采用曲线设计法。所谓曲线形设计方法，即根据线形布设的技术标准要求、平纵线形组合的均衡要求、地形地物及自然环境的约束要求，采用曲线单元并选用合理的线形参数来布设路线。

2.曲线形设计方法的作用

采用曲线形设计方法进行路线设计，既能使道路线形美观，也可以使道路本身和沿线景观相协调，更重要的是曲线形道路相比直线道路更容易让驾驶员在开车时注意力集中，从而减少交通事故。当然，直线设计法也并不是要完全杜绝，只是在设计过程中要注意一些问题。

3.灵活运用线性指标

线性指标的选用不仅关系到公路使用的安全性和舒适性，还影响到工程的造价和区域的自然环境。在路线设计技术指标的运用上，应结合地形、地物、地质、水文、气象等自然条件，特别是要注重总体设计，还要注意保证前后路线线形的均衡性和连续性。因此，设计人员必须加强对标准规范的理解，做到灵活运用技术指标。

### (二) 加强环境保护

对高速路段进行设计时应该选择那种对环境的负面影响最小的设计方案。

1.考虑因素

公路路线设计必须结合实际施工地点的环境因素，实施时要考虑到文物、水利、保护区与湿地等众多的因素，力求在公路建设时生态与经济共同进步与发展。

2.注意事项

公路路线设计的相关注意事项，在高速公路交通建设中非常重要，其不仅可以减少建筑中遇到的困难以及降低成本，还可以推动高速公路的建筑品质变得更可靠，促进人们出行环境的优化。

在进行高速公路建设时，线路的设计工作对整个公路工程的影响是巨大的。近年来，随着国内经济的飞速前进，国内公路的建筑及公路线路设计水准有了很大的进步，同时人们对高速公路方面的要求也越来越高。在高速公路的路线设计中，其设计对全部工程项目的品质、成本及执行来讲，都起着重要的作用。制订良好的高速公路设计方案可以减少建筑中遇到的困难以及降低成本，还可以推动高速公路的建筑品质变得更可靠，促进人们出行环境的优化。因此，制订最佳的高速公路设计方案可以达到多赢的局面，并且推动人与人以及人与自然的相处，达到社会的和谐。

# 第三节　高速公路改扩建工程交通组织设计

## 一、路网分流交通组织设计

### (一)分流车型确定

根据有关要求，高速公路改扩建工程实施期间应通过交通组织使通车路段的服务水平维持在一定范围内。因此，当交通量饱和度超过改扩建道路要求服务水平对应的饱和度时，应采取适当的分流措施。分流车型的确定需考虑车辆运行特性以及对改扩建施工影响程度，影响区内周边路网的技术状况和通行能力；还应综合考虑交通组成、交通出行特征、交通安全、经济收益、管控难度等因素。

1.分流车型比较

分流车型包括客车和货车，不同车型的尺寸、运行特性不同，对道路的影响也存在差异。以下从车辆对道路设施、道路通行能力、道路收费、交通管理、工程施工的影响等方面分析不同分流车型的优缺点。

(1)对道路设施的破坏作用。车辆轴载质量对路面的影响十分明显，当轴载质量增大时，车辆对路面的破坏增大，路面在有效使用期内能够承受弹性变形的次数将大为减少。世界各国多采用"四次方法则"来衡量轴载质量与公路路面损坏程度之间的关系。

轴载质量在2.0t以下时，车辆对于路面破损作用可以忽略；轴载质量在2.0~7.0t时，车辆对路面破坏作用较小；当轴载质量超过7.0t时，车辆对路面破坏作用显著增加。

(2)对通行能力的影响。低速通行的货车会降低整个交通流的运行速度，车流中大型车比例的增加对道路通行能力有显著影响。

(3)对道路收费的影响。我国大部分高速公路都处于收费阶段，货车收费标准按车辆吨位及尺寸大小而定。根据目前的通行费征收标准，在通行费构成中，货车通行费占绝大部分，分流货车数量越多，施工期间流失收费越多，对经济收益影响也就越大。

(4)对交通管理的影响。改扩建施工期间，由于施工干扰等因素，发生交通事故或堵塞的概率明显增加。客车机动灵活、行驶速度较高，发生事故的概率较高；货车体积、吨位相对较大，一旦发生交通堵塞或事故，影响范围广，处理难度大、时间长。

(5)对工程施工的影响。车辆通行对工程施工的影响主要体现在对道路资源的占用和施工安全上。货车吨位较大、占用空间多，自身行驶性能相对较差，产生的噪声、尾气及振动远大于其他车辆，易造成施工人员心理压迫感，对施工安全影响较大。

2.分流车型方案分析

根据国内外公路建设经验，分流车型方案可初步划分为客车分流和货车分流两种类型。

客车分流主要是指分流小客车、大中型客车。我国现阶段高速公路交通组成中，大中型客车多数为公共交通工具，应作为优先通行的车辆，所以客车分流首先考虑分流小客车。货车分流主要是指分流小货车、中型货车、大货车及特大型货车。大货车以及特大型货车轴载质量大，相较中小型货车而言，对路面的破坏作用更大，因此货车分流，主要论证大货车及特大型货车分流的可行性与适宜性。

3.分流车型的确定

根据拟订的分流车型方案，按优先级逐一测算分流方案实施后的交通饱和度，并根据改扩建高速公路需要保障的服务水平等级，判断分流车型方案是否可行，直到满足所需服务水平等级。

### (二) 分流路径选择

交通分流的本质是通过部分车型的绕行，把一部分交通量转移到周边路网中，从而保证改扩建高速公路具有相对较好的运行质量。分流方案成功与否除取决于分流车型外，还取决于分流路径是否合理。分流路径与分流车型也存在不同。通常，分流车型具有强制性，而分流路径往往不具有强制性。

路径选择时，按长途过境交通、中短途交通的顺序拟订分流方案，主要考虑路径承载能力、道路技术条件、绕行里程及绕行费用等因素。

当备选路径容差 (剩余承载能力) 大于拟分流交通量，且道路技术条件可满足分流车型通行要求时，可将该通道作为分流选项，承担分流交通。同时，可将区域路网分流作为应急预案，以便能够在通道交通出现拥堵或事故时，确保分流方案的稳定性与适应性。通道剩余承载能力小于拟分流交通量，可利用区域路网实施远距离、大范围的分流方案，采用"网络疏导、逐类分解"的交通分流指导思想，即依托周边路网从源头疏导交通，使部分车辆在外围提前得到分流；基于交通层次划分，对交通流由远及近分类选择分流路径，以保证资源利用最大化和分流效果最优化。分流方案中拟分流车型可在区域路网中进行交通分配和计算机仿真，若通道内相关道路不具备承受分流交通量的能力，则增加需绕行的交通分布，之后，再进行交通分配和计算机仿真，直至周边路网均具备承受分流交通量的能力为止。

绕行距离及通行费用也是选择分流路径的主要依据，在选择绕行方案时，要考虑绕行里程系数 (分流绕行路径与原有路径里程之比) 及绕行费用系数 (分流绕行路径与原有路径通行费之比)，还要考虑绕行时间和绕行距离的敏感性。通常，内部交通出行距离相对较短，对行程时间和绕行距离更为敏感，应选择通道内其他替代性道路作为分流路径；出入境与过境交通的出行距离相对较长，绕行增加的距离相对总行程来说不是十分明显，驾驶员对道路绕行的敏感程度相对较低。因此，若通道内其他道路交通承载能力有限，可考虑适当增加绕行里程，在区域路网范围内制定分流路线。

### (三) 分流节点设置

区域交通网络由区域空间自然要素点和线组成，分流节点的设置是分流路线确定后完善网络结构的重要步骤。通过在适当地点设置分流点，一方面可以向驾驶员推荐服务水平较高的行驶路线，提高出行质量；另一方面，有利于相关部门对施工路段进行交通管制，更高效地完成分流任务。

## 二、施工作业区交通组织设计

施工作业区交通组织设计是高速公路改扩建交通组织最重要的部分。广义的施工作业区交通组织设计既包括施工作业区界限控制，也包括临时交通设施设置。狭义的施工作业区交通组织设计仅指施工作业区界限控制。本章阐明施工作业区相关概念及设计要点，即作业区通行车道数、车道宽度等在交通组织设计中主要的界限控制指标，接着阐明了指标的确定思路及现行标准要求。临时交通设施设置将在后续章节介绍。

### (一) 施工作业区相关概念与设计要点

高速公路改扩建工程施工作业区 (以下简称"作业区")，是由于高速公路改扩建工程施工作业影响交通运行而进行交通管控的路段，同时是为工程施工作业、施工人员安全、设备材料存储而预留的区域。由于作业区是施工人员活动和工作的地方，除在车道与作业区之间应设置隔离设施外，还应为工程车辆提供安全的进出口，在作业区上游、中游和下游都应该设置相应的交通控制设施，以确保作业区内部施工人员以及外部驾乘人员的安全。

确定作业区管控界限是交通组织设计的重要环节，表征界限的主要指标包括作业区通行车道数、作业区车道宽度、作业区延续长度与间隔距离、作业区内各功能分段及其长度、作业区限速、中央分隔带开口位置及长度等。在确定上述交通组织设计方案时，应满足上述指标的限定。

### 1. 作业区通行车道数

作业区应满足的保通车道数要求。由于在改扩建工程同时要保障交通通行，因此，在进行交通组织设计时，通过控制通行车道数，保障改扩建道路通行能力与交通需求的匹配，交通运行状态满足一定服务水平。

### 2. 作业区车道宽度

确定作业区界限的同时，就决定了道路剩余宽度，剩余宽度需满足车道设置的基本要求。

### 3. 作业区延续长度及间隔距离

间隔过小会引起车流在道路上行驶时换道频繁，增加了运行风险，应合理设置作业区间隔长度控制行车风险。此外，作业区过长会造成行驶车速提高，建设成本变化，应对作业区长度范围加以控制。

### 4. 作业区内各功能分段及其长度

高速公路改扩建工程作业区根据功能和位置的差异可进一步划分为6个区域，即警告区、上游过渡区、缓冲区、工作区、下游过渡区和终止区。每个区域均有相应的作用，应根据驾驶员反应、交通流特性等因素控制上述区段的长度。

### 5. 作业区限速

作业区限速对于车辆运行状态至关重要，应根据道路与交通条件确定合理的限速值。

### 6. 中央分隔带开口位置与长度

高速公路改扩建工程中会采用半幅封闭半幅通车的组织方式，即半幅道路中断交通封闭施工，另一半幅则供双向交通通行。此时，会利用中央分隔带开口使车辆进入另半幅借道行驶，至下游中央分隔带开口再驶回原半幅道路，并根据该路线的曲率、纵坡、横坡、分隔带宽度等因素确定开口位置及开口长度。

## （二）施工作业区通行车道宽度

车道宽度对于交通运行极为重要，过窄的通行车道易造成交通事故，过宽的通行车道则会造成车速离散性增加，同样不利于交通运行安全。

《公路工程技术标准》(JTG B01—2014) 规定，车道宽度应符合规定，这是对车道宽度的基本要求。

相关研究通过经验公式计算，获得高速道路最低车道宽度为 3.18m，因此，车道宽度不宜低于 3.25m。当车道宽度增加时，运行车速及其离散程度有明显增加。综上所述，作业区车道宽度可取 3.5m。当仅有小汽车通行时，经论证后车道宽度方可设置为 3.25m，而侧向宽度一般宜为 0.75m，特殊情况下可为 0.5m，取值过低对于通行能力影响明显。

### (三) 施工作业区间隔距离

根据交通流理论，道路施工期间交通瓶颈主要出现在分、合流路段 (中央分隔带开口车流变换车道处)。对于两相邻施工段间隔较小的情况，理论上可以存在以下两种处理办法。

(1) 可将此两相邻施工段合并为一个施工段，此时只有两处中央分隔带开口处会存在交织现象，且一旦引起局部交通拥堵，两侧有足够的路段空间逐渐自行消减，管理上易于集中。

(2) 两相邻施工段相互独立施工，虽然对充分利用道路空间有利，但其存在四处交织路段，且由于直线段距离较近，一旦发生局部交通拥堵，很快便会影响到两端的施工段。此外，短距离内过于频繁的变换车道也不利于车辆驾驶安全，管理上工作量较大，仅在交通量较小的情况下适用。

就不同的距离而言，合并之前和合并之后的交通流延误不存在显著差异。当交通量较小时，将两个作业区分隔开产生的交通延误相对而言会小；两个作业区合并处理后的交通流延误在达到了通行能力时存在明显差异，当两个作业区的距离超过 5km 时，此时的延误与行程时间相比较也超过了它的一半。由此可见，两个作业区的最小距离应为 5km。当其小于 5km 时，应该将两处作业区合并成一处进行处理。

### (四) 施工作业区长度

作业区长度对于驾驶安全、施工进度、施工造价都有一定的影响，下面将进行具体分析。

1. 作业区长度对驾驶安全的影响

施工间隔距离过长时，驾驶员因行驶状态和注意力长时间无变化，导致对道路施工路段状况的警觉性下降，潜意识加速行驶，从而影响施工路段安全性，施工间隔距离过长致使施工工期延长。此外，半幅施工间隔距离过短将增加车辆转至另半幅的频率，导致驾驶员加减速频繁，影响道路通行能力及驾驶安全。

2. 作业区长度对施工进度的影响

施工分段长度决定了该段施工进度安排。施工分段长度越长，所需要的施工时间就越长，每一段的施工进度安排决定了整个工程进度安排，因此施工分段长度需考虑工期条件，过短或者过长都不利于施工进度的正常实施。此外，施工分段长度应尽量一致，以保持各段人员、装备数量基本一致。

3. 作业区长度对施工造价的影响

作业区分段长度过大，施工段数目就相应较少，对施工技术人员以及施工设备要求较少，在施工工期不变的前提下，施工费用相对较低；同样，施工长度过短，则导致施工分段数目相应较大，一个施工段即对应一批专业技术人员以及施工设备，总体施工费用将较大。此外，施工段数过多，每个施工段的费用也相应增加。因此，从工程造价上考虑，施工分段长度不宜过短。

## (五) 作业区功能区域长度

1. 警告区

警告区是驾驶员进入整个作业区首先需要通过的区段，驾驶员需要根据警告区内的指示与限速标志及时采取制动措施，以满足作业区对通过车辆行驶特性的要求。

《公路养护安全作业规程》(JTG H30—2015) 中规定了我国高速公路作业区的警告区长度值，当设计速度较高，交通量较大时，警告区的最小长度相应增加。

2. 上游过渡区

为了降低车辆进入工作区交通流紊乱对整个作业区的影响，需设置一段提供给车辆变换车道的过渡区，以使车流变化更为缓和顺畅。根据设置区段作用的不同可分为上游过渡区和下游过渡区。

上游过渡区主要是起导流作用，引导到达车辆改变行驶轨迹，提前调整变换车道。

3. 下游过渡区

下游过渡区是为了将车流再引入正常车道的一个过渡路段。若下游过渡区设置恰当，将有利于交通流的平滑。《公路养护安全作业规程》(JTG H30—2015) 中建议下游过渡区长度不宜小于30m。下游过渡区长度与限速值之间的关系跟上游过渡区基本相同。

4. 缓冲区

依据《公路养护安全作业规程》(JTG H30—2015)，缓冲区可分为纵向缓冲区和横向缓冲区。纵向缓冲区内不允许堆放设备、建造材料，也不允许出现车辆。国内外对于纵向缓冲区的最小长度要求基本一致。横向缓冲区位于工作区、纵向缓冲区与非封闭车道之间，其宽度不宜大于0.5m。

5. 终止区

一般情况下终止区包括下游过渡区和驶出下游过渡区后到解除限速标志这一段距离。《公路养护安全作业规程》(JTG H30—2015) 中规定这两段的长度都不宜小于30m。

## 第四节　高速公路施工安全管理

随着我国经济的快速增长，现代化程度不断提高，我国基础设施建设规模的逐步扩大，高速公路施工建设将成为其中重要的组成部分。近几年我国加大对公路建设的投资力度，使得公路和桥梁工程迅猛发展，大大改观了目前的交通面貌。但是在公桥梁工程施工中，缺乏安全意识，运用一些不懂技术的廉价劳动力，引发了很多安全事故，给国家和人民的生命财产造成了威胁，引起了社会的广泛关注，因此加强高速公路工程施工安全管理已经成为当务之急。

### 一、高速公路工程施工安全管理的内涵

安全管理是施工企业生产管理的重要组成部分，是一门综合性的系统科

学。安全管理的对象是生产中一切人、物、环境的状态管理与控制，是以实现生产过程安全为目的的现代化、科学化的管理。其基本任务是按照国家有关安全生产的方针政策、法律法规的要求，从企业实际情况出发，构建企业安全生产长效管理机制，规范企业安全生产经营活动，采取相关的安全管理对策措施，以期科学地、前瞻地、有效地发现、分析和控制生产过程中的危险有害因素，同时制定相应的安全技术措施和安全管理制度，主动防范、控制事故和职业病的发生，避免、减少事故及所造成的损失。随着改革开放，特别是20世纪90年代以来，我国加大了对公路建设的投资力度，使得国家级高速公路和地方高等级公路迅猛发展，形成了比较完善的公路交通网络。然而在实际施工中由于不懂得安全生产管理，造成高速公路施工过程中发生安全事故，有的甚至会直接导致人员伤亡或财产的损失。因此，如何确保公路工程特别是高速公路工程的施工安全，从而顺利实现交通建设跨越式发展，是当前一项重大的现实课题。

路桥工程施工期间出现安全事故的原因：

### （一）人为因素

因为人为影响而造成路桥施工安全管理出现问题的主要有如下三方面：第一，施工人员自身安全意识淡薄，在执行相应的监督检查工作时不够严格，安全交底及安全教育工作不到位；第二，安全监管人员素质不够，不能发挥良好的管理作用；第三，施工人员在进行操作时未严格遵循相应的操作规范。

### （二）技术因素

由于技术的缺陷会导致路桥施工中安全事故发生，其中包括了安全检查制度的缺失；出现紧急情况时，没有提前准备相应的应急方案或者实施的技术没有充分的安全保障；路桥项目的安全管理制度不完善，没有对应的职责机构，相应的职能部门缺失，或未配备专门的安全管理人员。

### （三）环境因素

影响安全管理中的环境因素主要有：对于施工期间出现的各类废物，如废气、粉尘、噪声等处置不合理，没有严格按照国家相关规定进行处理，而导致污染环境，甚至危害到人员健康；在易燃易爆等危险品的处置上有缺陷；对于危险作业场地未进行相关警示。

### (四) 机械因素

影响安全管理中的机械因素有：对于设施器具等检查防护不到位，用电设备没有进行合理保护，或者保养方法不适用，配备的安全装置出现失效、老化等。

## 二、高速公路施工质量和安全管理中存在的问题

路桥施工能够有效地提高城市交流效率，对于城市发展都有着重要的作用和贡献，但是在实际生活中不断发生桥梁坍塌以及公路质量问题，多种多样的问题随着高速公路工程的建设频发，这里将分析高速公路施工质量和安全管理中存在的主要问题。

### (一) 施工管理人员缺乏安全意识

随着社会经济的不断发展，企业要想在日益激烈的市场竞争中占有一定的地位，则需要企业获得足够的经济利益，因此作为企业的领导人和管理人员，对于企业所施工的工程效益重视无可厚非，企业投标高速公路工程的根本目的也是获取经济利益，使得企业能够更快地发展。但是在目前高速公路施工企业中，部分企业管理人员片面追求经济利益，罔顾安全管理的做法是非常危险的，忽视施工质量与施工效益并存、安全管理与企业发展并重的关系，将会导致所施工工程出现严重的安全事故，最终将直接影响企业的正常发展。其主要表现在两方面：一是企业内部负责施工质量的相关管理人员缺乏安全管理的意识，在日常工作中没有进行相关的安全检查和考核制度；二是施工团队和施工人员缺乏相应的安全意识，造成施工环节和流程不具备安全操作条件，或者是在施工过程中忽视了安全防护的作用，如不佩戴安全帽等行为。

### (二) 缺乏施工质量的管理水平

目前，我国高速公路在施工质量管理中存在许多问题和不足，主要表

现在以下几方面。

（1）路桥施工企业在进行施工建设工作中，采取的施工工艺方法和流程简单随意，缺乏对于施工团队的正确管理和指导作用，如施工安全预案不到位、施工工艺要求宽松等。

（2）在项目施工过程中安全管理人员对于质量管理的意识缺乏，没有按照有关规定的质量检测规章制度对路桥工程的施工质量进行应有的严格检查，同时在施工过程中，对于现场所出现的问题没有正确的沟通和解决。

（3）对于在施工过程中所出现的工程质量的问题施工管理人员没有及时地发现处理，使得工程质量和安全管理出现漏洞，埋下了安全隐患事故。

（4）施工安全管理人员没有对施工工程的质量进行实时的监督和记录，导致其对于施工的具体情况和问题无法实时把控，因而出现严重的质量问题和安全事故。

### （三）施工过程中安全投入不足

随着我国高速公路的不断发展，高速公路施工相关的施工企业也越来越多，其中各个不同的施工企业管理水平相差较大，尤其是在高速公路的招投标过程中，很多投标单位采取了低价中标的竞争方式，导致了施工的成本预算只能相应地减少，为了在施工过程中能够尽最大可能地降低成本，获得较高的利益，很多施工单位在施工建设过程中的偷工减料或者是使用不符合要求的施工材料，这种方式导致安全事故和安全隐患的发生。另外，部分企业为了降低成本，存在项目的安全管理和采用的安全防护措施缺失，如采购少量的安全防护用具或者是采购不符合规格的安全帽、安全网等，而且在施工现场中对于特种作业的设备没有采购齐全，上述问题都会导致出现安全隐患。

## 三、高速公路施工安全管理的准备工作

### （一）安全管理细则

高速公路施工安全管理需要所有人共同参与，实际工程中选用个人轮流值班制度和集体巡视的方法实现现场管理和监督，以保证每位施工人员和

管理人员按照既定的安全管理细则开展工作。工作过程中安全管理小组成员应及时检查施工现场，及时发现安全隐患，制定整改措施，督促隐患排查治理。大多施工项目设置在野外，施工环境较为恶劣，桥梁和隧道本身存在较大的安全风险，需要现场安全管理人员进行跟踪检查，掌握施工现场工作信息，对施工人员耐心教导，所有人员必须自觉遵守安全管理条例。

### (二) 高速公路安全管理制度

高速公路施工过程中需要及时总结现场的安全管理情况，针对已有的安全管理问题或者安全隐患进行讨论，制定出有效的应对措施，针对实践中的不合理现象加强修正和管理。施工安全管理制度需要在施工之前制定，施工进度不断推进的同时，很可能出现背离安全管理规章制度的现象，一些安全管理制度不满足实际生产要求，此时需要以人为本，对安全管理制度进行修改和完善，力求科学管理、统筹安排，进一步加强施工质量管理和安全管理。

### (三) 安全管理日志

施工过程中做好相应的现场管理记录，妥善保管施工资料，安全管理日志不仅是对实际工程项目施工过程的记录，还可以为后期管理和维护提供宝贵的经验和资料。

### (四) 安全管理会议

安全管理会议是重要的准备工作，在高速公路施工项目安全管理中发挥着重要的作用，可以保证安全管理工作顺利进行，保证安全生产意识深入人心。在安全管理会议上，管理人员要针对实际工程中可能出现的问题开展讨论，明确高速公路安全管理工作的重要性，再次对安全管理工作细则进行分析和总结，在以往安全管理工作的指导下，做出适当的整改和优化。

### 四、高速公路施工安全管理的主要方法

施工过程中的安全管理受到较多内外因素的影响，如环境变化、人员变动和施工项目改变等，同时加大了安全管理工作的难度。这里主要从以下几方面展开探究，以避免施工管理中的问题。

### （一）完善安全生产责任制度

高速公路设施是国家基础设施建设的重要组成部分，工程项目中的安全管理不仅与建设单位的经济效益相关，还与工作人员的人身安全相关，同时关系到区域内经济建设效益，施工安全生产责任制是安全管理工作的重点。

### （二）加强施工技术的管理

施工技术是影响安全管理的重要因素，必须在高速公路建设项目深入分析的基础上，清晰地认识到目前技术方面所存在的问题，例如，工程项目设计不合理、安全防范体系不完善或者后期工程压实度不足等。为了盲目追求经济效益而缩短工期，导致施工方法不科学，对项目的建设或运营都存在较大的风险。必须建立有效的施工技术保障体系，施工过程中加强对施工的检测，加强不同施工环节的监督管理，选用正确的施工机械和施工方法等。在经济条件允许的情况下，可以自主研发或者引进国外先进施工工艺，便于在提高施工质量的同时，高效开展安全管理，以提高实际项目的经济效益。

### （三）加强施工人员的安全管理

施工人员管理重点做好两方面的工作。

（1）加强人员安全教育，不断提高施工人员的安全责任意识。通过典型事故案例分析，进一步明确施工过程中可能出现的安全事故，加深对安全问题的理解和认知，强化参建人员的安全意识，鼓励人员积极配合安全管理工作，保证全员参与到安全管理工作中来。另外，可以通过及时有效的安全教育帮助施工人员了解到实际施工中常见安全事故的发生原因，掌握安全防护知识，加强对紧急事件的处理能力，同时不断规范施工人员的操作，避免因技术问题引起的安全事故。

（2）避免施工人员疲劳上岗，提高高速公路施工项目的安全性。可以应用先进的机械设备代替施工项目中较为危险的项目操作，加快自动化施工进程，提高工程建设效率的同时，为人身安全提供保障。科学规划施工人员的作息时间，结合劳动强度安排休息时间，在轮班工作的情况下保证施工人员有足够的睡眠时间，严禁疲劳上岗。

### (四) 加强对施工机械的安全管理

施工机械安全管理工作中需要先结合设备的工作制度制订出明确的保养计划，采购部门加强对施工机械设备性能的掌握，保证机械在施工过程中发挥重要的作用，同时企业聘用专业的设备保养维护人员，定期对设备的性能进行检测，便于及时发现故障和排除故障。另外，设备使用过程中必须严格规范操作流程，避免因不正当的使用导致安全事故。及时更新实际工程项目中的施工机械，随着施工任务的加重和施工时间的延长，机械设备的性能下降，设备出现老化问题，不能满足施工质量要求，能耗不断升高，维护成本加大，企业需要及时淘汰陈旧和老化的机械设备，积极引进先进的施工设备，从而在施工过程中提高工作效率，降低安全风险。

## 第五节　高速公路建设灾害预警

### 一、高速公路建设灾害的内涵

高速公路建设灾害的内涵主要包括以下几点：

(1) 高速公路建设灾害概念特指在高速公路的建设过程中发生的各种有害事件和情况。凡危害人类生命财产和生存条件的各类事件统称灾害。灾害指的是有害的事件和情况，并包含有害事件的结果和性质，以及发生风险的可能性；灾害会造成死亡、损失，以及对个人生命财产的威胁，形成痛苦与经济损失的伤害。因此，我们界定的高速公路建设灾害的概念，不仅包括高速公路建设期中发生的各种自然灾害现象对高速公路建设系统的破坏，也概括了高速公路建设行为对自然和社会环境及其本身，即由"人—机—路"组成的系统的危害风险、破坏事件和后果。具体来说，高速公路建设灾害应包括如下灾害内涵：

①由人为影响产生，表现为环境态的"人为——环境灾害"。如在山区修路导致改变地面径流结构，引起水土流失和山洪暴发，对道路两侧及周围地区一定范围内的生态环境破坏，高速公路建设对人文环境如历史文物的破坏，施工机械噪声对环境的污染等。

②由环境影响产生，表现为人为态的"环境——人为灾害"。如恶劣天气如飓风、洪水卷走施工人员和设备，村民阻挠使高速公路建设工期严重延误、工作进程阻断等。

③由人为影响产生，表现为人为态的"人为——人为灾害"。如高速公路上有人恶性投毒而引发的群体中毒卫生事件，高速公路施工粉尘污染引发民事诉讼事件，施工人员安全防护失误而发生意外高空坠落、触电伤亡事故等。

④由环境和人为影响共同产生的灾害。

（2）从灾害演变速度来看，高速公路建设灾害的内涵包容性极强。既有突变型灾害，这类灾害来势越猛，灾情发展越迅速，对高速公路建设系统造成损失越严重，如突发地震、洪水、龙卷风、滑坡、泥石流、地裂缝、塌陷等，均会对高速公路建设管理系统构成严重的威胁，并且引发二次灾害，又有缓变型灾害，如生态环境破坏，地面沉降、水土流失、水质污染、农田污染、潜在质量隐患等，这类灾害不易引起人们关注，但是其危害影响越来越大，不容忽视。

（3）从现代生态观、和谐观、科学发展观的要求来看，高速公路建设灾害的定义能充分体现出生态、环保和可持续发展的意义，且内涵全面。

①高速公路建设灾害的定义将高速公路建设活动造成严重生态破坏、自然环境侵害的事件纳入其中，符合现代生态观的要求。良好的自然生态是人类社会不可或缺的财富，然而高速公路建设给道路沿线及一定范围内的地区造成了严重的生态破坏，如高速公路路面工程中使用的沥青、水泥等化学原料随水流到农田里，轻则改变农田的盐碱性，重则导致长出的庄稼在被人食用后而危害人体健康，而一旦农田被污染，是难以恢复到原来土壤性状的，即这种破坏是不可逆的，所以这些应该引起我国高速公路后续建设者的高度关注。

②高速公路建设灾害的定义将高速公路建设活动和社会环境之间互相干扰、相互破坏的事件、现象纳入其中，符合和谐发展观的要求。高速公路建设不应单纯地追求经济效益，而要考虑除带来经济效益以外，是否能够产生正向的人文 GDP、环保 GDP，能否实现高速公路与人口、资源、环境的统筹协调发展。但是，我们的建设活动实际上给社会人文环境造成了极大的威胁，例如，由于临时用地和永久征地所造成的对农业生产的影响；由于拆

迁安置未解决好带来的一系列纠纷、冲突、群殴，和建设活动对施工人、受灾人的心理疾患影响等，而这又是被很多高速公路建设管理者忽视的，所以，有必要从这个角度来丰富高速公路建设灾害的内涵。

③高速公路建设灾害是从科学发展观的角度来界定高速公路建设灾害的概念的。首先，我们使用灾害的概念，主要是强调高速公路建设行为在自身与环境的交互作用下造成的恶性后果，并不是说将一次安全事故或者是一次居民纠纷本身视为灾害。其次，事件本身是有可能升级为灾害的。如果在事故、纠纷发生后管理行为能及时、有效地处置或者化解，则事件不会演化为灾害；如果管理行为失误、错误甚至失败，则事故不良影响有继续恶化的可能，纠纷也可能升级为恶性冲突，造成人身、财产的损失，造成恶劣的社会影响，从而灾害影响不可避免。

## 二、高速公路建设灾害的预警管理体系分析

### (一) 高速公路建设灾害预警管理体系的内容

高速公路建设灾害预警管理的活动，包括预警分析与预控对策两大模块的内容。高速公路建设灾害预警管理系统由预警分析与预控对策两大任务体系构成。预警分析是对高速公路建设期的各类灾害事故，包括自然灾害、社会灾害、施工中发生的人身伤亡事故、设备损坏事故、施工质量事故等进行识别分析与评价，由此做出警示，并对高速公路建设期灾害现象的早期征兆进行即时矫正与控制的管理活动。

### (二) 高速公路建设灾害预警管理体系的构建

高速公路建设灾害的发生与发展是高速公路建设管理部门在环境变动的不良冲击和内部管理不良的诱导下两者相互作用的产物。因此，相关管理部门在考虑预警管理战略时，应当针对前述的高速公路建设灾害成因的基本特点来设计预警管理体系。根据预警管理理论的思想与原理，建设预警管理体系的构成，应当考虑为四个部分 (要素)：外部环境变动的预警系统、内部管理不良的预警系统、灾害预警信息管理系统和灾害危机预警系统。

高速公路建设灾害预警管理体系由四个子系统有机构成，它们是高速

公路建设管理大系统中的有机部分，即战略管理体系、执行管理体系、预警管理体系、灾害危机管理系统。预警管理体系的内部关系，是外部环境预警系统、内部管理预警系统、预警信息管理系统三者的交互关系，统一归纳于预警体系。高速公路建设灾害的危机管理系统则处于双重管理下，既受预警管理系统的业务领导，又受战略管理系统（决策层）的策略领导，一旦危机征兆严重或陷入危机，它直接隶属于决策层管理。

外部环境预警系统和内部管理预警系统的业务活动是并行的和交互的，所谓"并行"是两个子系统各有独立的监测与预警对象、独立的诊断与报警和独立的方法指标。所谓"交互"是监测信息的交流与共享以及预警工作流程的统一运作。预警信息管理系统的业务活动是完全依附于其他三个子系统运作的，它先将另外三个子系统的所有监测、识别、诊断、警报的信息统一归纳于专题数据库中，然后按照现代信息管理的方法进行处理，再输出至预警系统。预警信息管理系统本身具有分析功能和决策支持功能，这也是它的核心功能，即将各种预警的初始信息，通过预警管理模型的规范分析，提出多方案的对策选择，以供管理人员参考和使用。此外，预警信息管理系统中的对策库，即专家知识库和模拟方案库，将对高速公路建设期内可能发生的重大变化预先提出方案，其中包括建设灾害危机管理策略与方案。

灾害危机管理系统，同其他三个子系统是并行的，它的活动仅限于特别监测对象的预警活动，即只对建设期施工与管理活动在某些时空条件下的某个变化点进行预警，该子系统的主要任务，是当灾难问题难以控制时做出警告和对策建议。因此，它在预警体系中的地位特殊，其平常业务隶属于预警管理系统，一旦出现危机则隶属于建设组织最高层机构，这是它在管理体系中的纵向"交互"关系。在预警信息管理方面，它同外部环境预警、内部管理预警子系统同预警信息子系统的关系完全一致。

### （三）高速公路建设灾害预警管理体系的运转模式

依照预警管理理论所提出的原理，高速公路建设灾害管理的预警预控是对因外部环境或内部管理问题产生的不同致灾因子进行监测识别、诊断、评价、预控等。

高速公路建设灾害预警管理系统的运转应围绕着外部环境、内部管理开展其活动。对建设活动运行状态的预警预控会产生两种结果：正确有效的管理使劣性趋势转变为良性趋势，而错误失败的管理使劣性趋势加剧而产生危机事件。但预警系统可以采取危机管理方式，其预警与预控活动的成功结果是功能恢复正常，呈现良性趋势发展，进入安全状态；失败后果是进入整体的瘫痪状态，造成严重的社会危难。不论建设活动是由灾时状态还是由灾难状态转入安全运营状态，其活动过程和结果的参数，都将反馈输入预警管理系统中的监测信息系统中，以合理调整和优化下一过程的预警活动。由此，整个预警管理活动形成了一个循环。其运行过程的组织，将由特别设置的预警管理机构来实施。

## 三、预警管理体系的构建

预警组织管理体系是高速公路建设灾害预警管理体系发挥功能的载体，没有有效的组织管理体系，预警功能的实现即是一句空话。本章即从社会管理体系的角度，多角度多层面地设置预警组织管理体系，以全方位地保障高速公路的建设安全。

预警组织的建立，从两个层面进行建立，即外部层面和内部层面，外部层面包括国家、行业和社会群众三个层面，内部层面包括企业层面、中介层面和职工层面三个层面。

对高速公路建设灾害的预警体系应该是国家、行业、企业和外界第三方（包括中介机构、内部职工和社会群众）四位为一体的预警体系。四方面各自建立预警体系，才能有效防范高速公路建设中灾害的发生和实施发生后的有效救援。

# 第二章　公路工程施工技术

## 第一节　公路工程施工概述

### 一、施工与公路施工特点

#### （一）道路的施工工序及方法

1. 路床施工

（1）测量放线及前期土工试验。工程施工时全段每隔 20~25m 设置一组中心桩，曲线段需做好起、中、终点的桩点控制，曲线中间点按 5~10m 间隔做好加密桩；每 100m 设置一临时水准点，按顺序编号；各流水作业段每 20m 设一组边桩，并按设计道路断面放出围边坡角线。施工过程中发现桩点错位或丢失应及时校正或补桩。

在取土源进行土工试验，为土方及路床施工提供各项试验数据。

（2）试验路段。路基开工前，在监理工程师旁站下结合路段选择有代表性、长度不小于 100m 的路段作为试验路段，进行压实试验，并将试验结果报告监理工程师批准。试验时，记录设备的类型、最佳人机组合方式、碾压遍数、碾压速度及每层材料的松铺厚度和含水量等，并根据试验数据制定施工措施以指导路基施工。施工中如发现土质与设计文件不符而路床不能施工时，施工单位应及时与甲方及设计单位联系，以制定相应的处理措施。

（3）路床修筑及平整。路床下各管道沟槽回填至路床高程下 15cm 位置后，统一进行路床施工，以便路床具有较好的整体性。路床施工以机械为主，人工为辅（施工前应先清除路床范围内农田腐殖土、杂草、垃圾、树根、建筑物基础等），对原建筑物旧基坑、树坑、沟道等采用回填砂石或 9% 灰土处理，并按市政工程施工技术规程的要求，分层回填至路床以下。路床整形施工采用平地机刮平，经 8~10 吨光轮压路机初压后，挂线或用水准仪逐个断面进行核测路床中线高程及路拱成型情况，并及时检查处理层厚度、路床平整度，直至每个断面的纵、横坡符合设计要求。

（4）压实。整平的填土层，使用自行振动压路机进行碾压。碾压速度在 3～4km/h。含水量保持在最佳含水量。路床以 15t 压路机碾压，无明显轨迹，经测试密实度达到 95% 重型击实标准时，经监理工程师验收方可进行下一道工序。

2.道路的施工工序

路基工作完成部分段路基土方工程后，路面工作即可对检验合格的路段进行垫层的施工，分层堆料，平地机拌和摊铺，压路机碾压，洒水车洒水养护的一条龙作业进行。施工中必须严格控制颗粒的级配和均匀性、摊铺料的厚度、平整度和压实度，并及时做好养护工作。

（1）准备工作。土基用 18～21t 三轮压路机或等效的碾压设备检验（压 3～4 遍）。在碾压过程中，如发现土过干、表层松散，应适当洒水，如土过湿，发现黄现象，应采用挖开晾晒、换土、掺石灰或料粒等措施进行处理，直到下承土基表面平整、坚实，具有规定的路拱，没有任何松散的材料和软弱地点。

（2）施工放样。在土路基上恢复中线。直线段每 15～20m 设一桩，平曲线段每 10～15m 设一桩，并在两侧肩边缘外 0.3～0.5m 设指示桩。进行水平测量，在两侧指示桩上用明显标记标出底基层边缘的设计高。

（3）备料。选择级配符合设计要求的材料，均匀层按松铺厚度堆放在路床上。

（4）摊铺。用平地机将混合料按松铺厚度均匀地摊铺在预定的宽度上，表面应力求平整，并具有规定的路拱。设一个三人小组跟在平地机后面，及时消除粗细集料离析现象。对于粗集料窝和粗集料带，应添加细集料，并拌和均匀；对于细集料窝，应添加粗集料，并拌和均匀。

（5）定型和碾压。先用轮胎压路机在已初平的路段上快速碾压一遍，以暴露潜在的不平整，再用平地机进行整平和整形。整形后，当混合料的含水量等于或略大于最佳含水量时，立即用振动压路机进行碾压。直线段，由两侧路肩开始向路中心碾压；在有超高的路段上，由内侧路肩向外侧路肩进行碾压。碾压时，后轮应重叠 1/2 轮宽；后轮必须超过两段的缝外。后轮压完路面全宽时，即为一遍。碾压一直进行到要求的密实度为止，一般需碾压6～8遍，应使表面无明显轨迹。压路机的碾压速度，头两遍以采用1.5～1.7km/h为宜，以后用2.0～2.5km/h。路面的两侧，应多压2～3遍。

### (二) 公路施工特点

#### 1. 造价高、投资大

公路工程建设项目投资一般是巨大的，其建设工程合同的价额基本上是几千万、上亿甚至几百亿，这是一般的建筑工程项目所不可比拟的。如作为中国第九个五年计划期间的重点工程项目，沈阳至北京高速公路全长658km，总投资近200亿元人民币；而贯穿祖国南北的交通大动脉——京珠(北京—珠海)高速公路更是长达2400km，整个工程总投资近千亿元。

#### 2. 点多、线长、面广

公路工程建设规模一般都比较大，从建设里程上来讲从几十公里到上百公里甚至上千公里的都有，涉及的施工区域可能不止一个省、市，尤其是国道干线的建设，一般都要跨越几个省市以上，施工范围是相当广的。因此，工程的建设是不可能只由一家施工企业单独来完成的，需要多家合作，分点、分段建设完成。

#### 3. 质量要求高，形成时间长

每条公路都是特有的、唯一的，一经建成，在短时间内将不会进行重复性的投资建设；同时，建设一条公路将会耗费大量的人力、物力和财力等。因此，在公路工程的建设时间，就要对建设产品提出较强的质量要求，要求建设、设计、施工、监理等单位密切配合，材料、动力、运输等各部门的通力协作，以及地方各级政府部门和施工沿线各相关单位的大力支持，科学合理地利用资源，尽可能地创造高质量的公路建筑产品。

#### 4. 户外作业环境复杂不可控因素多

公路工程本身的特点要求施工建设是采用全野外的作业方式，加上施工的路线一般都较长，施工几公里、几十公里甚至上百公里的公路工程，所以无论是其面临的气候、地质水文条件，还是社会、经济环境，乃至风土人情都将是有差异的。其中的任何一项因素的变化都会影响公路工程建设的顺利进展。另外，对不同的施工项目，环境等影响因素又有所不同，不可控因素的增多也使得项目管理在施工中变得尤为重要。

**(三) 城市公路施工的特点**

(1) 充分做好准备工作，包括施工管理和组织计划工作；施工中实行流水作业，严格施工管理，健全岗位责任制、加强质量保证体系工作，每道工序都要严格把关，前一道工序未经验收，不得进行下一道工序。

(2) 公路施工耗费筑路材料多，每千米达数千吨，单方造价中材料款一般占 50% 以上。我国幅员辽阔，各地可供修筑公路的材料很多。因此，要认真做好调查研究，充分利用当地材料和工业废渣，以求修建经济且适用的公路。

(3) 城市公路施工从直观上看无论是新建、改造还是扩建都会不同程度地存在三多一少的特点。

(4) 城市交通拥挤、车辆及行人多，所以尽可能不断路施工，多采用半幅通车、半幅施工的方案。必要时封锁交通，断路施工，务必做好交通疏导工作，协商安排车辆绕道行驶的路线和落实交通管理措施。为了减少扰民和保证车辆正常行驶，也可在夜间组织连续作业，快速施工。

(5) 施工障碍多。无论是沿线房屋拆迁，还是地上立体交叉的各种架空线杆或是地下纵横交错的各种管网和设施或古墓文物，这些影响施工的障碍物的解决都会有很大的工作量，也极其繁杂，必须引起高度重视，务必进行妥善规划、细致实施。

(6) 施工涉及面广。公路施工除了面对众多的沿线居民外，还涉及规划、公安、公交、供电、通信、供水、供热、燃气、消防、环保、环卫、路灯、绿化等部门和街道及有关企、事业等单位，所以必须加强协作、配合工作，以取得各单位各部门的支持和谅解，使施工得以顺利进行，避免出现大量耗费人力、物力和时间的"扯皮"现象。

(7) 施工用地少。城市土地极其珍贵，施工平面布置必须"窄打窄用"，乃至"见缝插针"，有条件要在郊外建造搅拌站等基地或采用商品混凝土方案。

**二、公路工程施工图**

公路工程是一种带状构筑物，它具有高差大、曲线多且占地狭长的特点，因此公路工程施工图的表现方法与其他工程图有所不同。公路工程施工图是由公路平面图、公路纵断面图、横断面图及构造详图组成。公路平面图是在测绘的地形图的基础上绘制形成的平面图；公路纵断面图是沿路线中心线展开绘制的立面图；横断面图是沿路线中心线垂直方向绘制的剖面图；而构造详图则是表现路面结构构成及其他构件、细部构造的图样。通常用这些图样来表现公路的平面位置、线型状况、沿线地形和地物情况、高程变化、附属构筑物位置及类型，地质情况、纵横坡度、路面结构和各细部构造、各部分的尺寸及高程等。

### (一) 公路施工平面图

公路平面图是应用正投影的方法，先根据标高投影（等高线）或地形地物图例绘制出地形图，然后将公路设计平面的结果绘制在地形图上。公路施工平面图是用来表现公路的方向、平面线型、两侧地形地物情况、路线的横向布置、路线定位等内容的主要施工图。

1. 地形部分的图示内容

（1）图样比例的选择。根据地形地物情况的不同，地形图可采用不同的比例。一般常用比例为 1∶500，也可采用 1∶1000 的比例。比例选择应以能清晰表达图样为准。

（2）方位确定。为了表明该地形区域的方位及公路路线的走向，地形图样中需要标示方位。方位确定的方法有坐标网或指北针两种：一种是采用坐标网定位，则应在图样中绘出坐标网并注明坐标；另一种是采用指北针，应在图样适当位置按标准画出指北针。

（3）地形地物情况。地形情况一般采用等高线或地形点表示。城市公路一般比较平坦，多采用大量的地形点来表示地形高程。公路有时采用等高线表示，地物情况一般采用标准规定的图例表示。

（4）水准点位置及编号应在图中注明，以便路线控制高程。

2. 路线部分的图示内容

（1）公路规划红线是公路的用地界限，常用双点画线表示。公路规划红线范围内为公路用地，一切不符合设计要求的建筑物、构筑物、各种管线等均须拆除。

（2）公路中心线用细点画线表示。公路中机动车道、非机动车道、人行道、分隔带等均可按比例绘制在图样中。

（3）里程桩号反映了公路各段长度及总长，一般在公路中心线上从起点到终点，沿前进方向注写里程桩号；也可先向垂直公路中心线方向引一细直线，再在图样边上注写里程桩号。如 K1+760，即距路线起点为 1760m。如里程桩号直接注写在公路中心线上，则"+"号位置即为桩的位置。

（4）路线定位采用坐标网或指北针结合地面固定参照物定位的方法。

（5）公路中曲线的几何要素的表示及控制点位置的图示。

3. 公路平面图的阅读

根据公路平面图的图示内容，可按以下程序阅读：

（1）了解地形地物情况：根据平面图图例及地形点高程，了解该图样反映的地形地物状况、地面各控制点高程、构筑物的位置、公路周围建筑的情况及性质、已知水准点的位置及编号、坐标网参数或地形点方位等。

（2）阅读公路设计情况：依次阅读公路中心线、规划红线、机动车道、非机动车道、人行道、分隔带、交叉口及公路中曲线设置情况等。

（3）公路方位及走向，路线控制点坐标、里程桩号等。

（4）根据公路用地范围了解原有建筑物及构筑物的拆除范围以及拟拆除部分的性质、数量，所占农田性质及数量等。

（5）结合路线纵断面图掌握公路的填挖工程量。

（6）查出图中所标注水准点位置及编号，根据其编号到有关部门查出该水准点的绝对高程，以备施工中控制公路高程。

## （二）公路纵断面图

通过沿公路中心线用假想的铅垂面进行剖切，展开后进行正投影所得到的图样称为公路纵断面图。由于公路中心线是由直线和曲线组合而成的，因此垂直剖切面也就由平面和曲面组成。

公路路线纵断面图主要反映了公路沿纵向的设计高程变化、地质情况、填挖情况、原地面标高、桩号等多项图示内容及数据。因此，公路纵断面图中包括图样和资料表两大部分。

1. 图样部分的图示内容

（1）图样中水平方向表示路线长度，垂直方向表示高程。为了清晰反映垂直方向的高差，规定垂直方向的比例按水平方向比例放大10倍，如水平方向为1∶1000，则垂直方向为1∶100。图上所画出的图线坡度较实际坡度大，看起来明显。

（2）图样中不规则的细折线表示沿公路设计中心线处的原地面线，是根据一系列中心桩的地面高程连接形成的，可与设计高程结合反映公路的填挖状态。

（3）路面设计高程线：图上比较规则的直线与曲线组成的粗实线为路面设计高程线，它反映了公路路面中心的高程。

（4）竖曲线：当设计路面纵向坡度变更处的两相邻坡度之差的绝对值超过一定数值时，为了有利于车辆行驶，应在坡度变更处设置圆形竖曲线。

（5）路线中的构筑物：路线上的桥梁、涵洞、立交桥、通道等构筑物，在路线纵断面图的相应桩号位置以相关图例绘出，注明桩号及构筑物的名称和编号等。

（6）标注出公路交叉口位置及相交公路的名称、桩号。

（7）沿线设置的水准点，按其所在里程注在设计高程线的上方，并注明编号、高程及相对路线的位置。

2. 资料部分的图示内容

公路纵断面图的资料表设置在图样下方并与图样对应，格式有多种，有简有繁，视具体公路路线情况而定。

（1）地质情况：公路路段土质变化情况，注明各段土质名称。

（2）坡度与坡长：斜线上方注明坡度，斜线下方注明坡长，单位为米。

（3）设计高程：注明各里程桩的路面中心设计高程，单位为米。

（4）原地面标高：根据测量结果填写各里程桩处路面中心的原地面高程，单位为米。

（5）填挖情况：反映设计标高与原地面标高的高差。

（6）里程桩号：按比例标注里程桩号，一般设公里桩号、百米桩号（或50m桩号）、构筑物位置桩号及路线控制点桩号等。

3. 公路纵断面图的阅读

公路路线纵断面图应根据图样部分和资料部分结合阅读，并与公路平面图对照，得出图样所表示的确切内容。

（1）根据图样的横、竖比例读懂公路沿线的高程变化，并对照资料表了解确切高程。

（2）竖曲线的起止点均对应里程桩号，图样中竖曲线的符号长、短与竖曲线的长、短对应，且读懂图样中注明的各项曲线几何要素，如切线长、曲线半径、外矢距、转角等。

（3）公路路线中的构筑物图例、编号、所在位置的桩号是公路纵断面示意构筑物的基本方法，了解这些可查出相应构筑物的图纸。

（4）找出沿线设置已知水准点，根据编号、位置查出已知高程，以备施工使用。

（5）根据里程桩号、路面设计高程和原地面高程，读懂公路路线的填挖情况。

（6）根据资料表中坡度、坡长、平曲线示意图及相关数据，读懂路线线型的空间变化。

### （三）公路横断面图

公路横断面图是沿公路中心线垂直方向的断面图。图样中表示了机动车道、人行道、非机动车道、分隔带等部分的横向构造组成。公路横断面的设计结果用标准横断面设计图表示。

1. 图样中要标示出车行道、人行道及分隔带等各组成部分的构造和相互关系

一般采用 1：100 或 1：200 的比例尺，在图上绘出红线宽度、车行道、人行道、绿地、照明、新建或改建的地下管道等各组成位置、宽度、横坡度等。

（1）用细点画线段表示公路中心线，车行道、人行道用粗实线表示，并注明构造分层情况，标明排水横坡度，图示出红线位置。

（2）用图例示意绿地、树木、灯杆等。

（3）用中实线图示出分隔带设置情况。

（4）注明各部分的尺寸，尺寸单位为厘米。

（5）与公路相关的地下设施用图例示出，并注以文字及必要的说明。

2.公路路面结构图及路拱详图

路面结构形式分为两大类：柔性路面和刚性路面。每一大类中又可分为快车公路面结构、慢车公路面结构、人行公路面结构。

（1）由于沥青类路面是多层结构层组成的，在同车道的结构层沿宽度一般无变化。因此选择车道边缘处，即侧石位置一定宽度范围作为路面结构图图示的范围，这样既可图示出路面结构情况，又可将侧石位置的细部构造及尺寸反映清楚，也可只反映路面结构分层情况。

（2）路面结构图图样中，每层结构应用图例标示清楚，如灰土、沥青混凝土、侧石等。

（3）分层注明每层结构的厚度、性质、标准等，并将必要的尺寸注全。

大路拱采用什么曲线形式，应在图中予以说明，如抛物线型的路拱，则应以大样的形式标出其纵、横坐标以及每段的横坡度和平均横坡度，以供施工放样使用。

**（四）平面交叉口平面图**

公路交叉口位置的路面高程设计称为交叉口竖向设计。通过合理地设计交叉口的标高，有利于行车和排水。一般采用等高线设计方法，通过交叉口平面图表示出来。每根等高线的高差为5cm，公路纵坡由路口中心向东、向西下坡，故交叉口形成向东向西的双面坡。为了便于施工放线，平行公路中心线画方格网，方格尺寸通常为5m×5m。每个方格的四角按设计等高线用内插法插入高程。

# 第二节　公路路基施工

## 一、路基施工概述

### （一）公路路基的含义

路基是公路的重要组成部分，是按照路线位置和一定技术要求修筑的带状构造物，承受由路面传来的荷载，应有足够的强度、稳定性和耐久性。

它可以将工程设计蓝图与原地质地貌直接结合，它既是路线的主体，又是路面的基础，是公路施工工程建设的重要组成部分。路基质量的好坏，直接关系着整个公路的质量，直接影响日后汽车在公路上的行驶。

### (二) 路基施工要求

(1) 具有合理的断面形式和尺寸。
(2) 具有足够的强度。
(3) 具有足够的整体稳定性。
(4) 具有足够的水温稳定性。

### (三) 路基施工作用

路基承受着本身的岩土自重和路面重力，以及由路面传递而来的行车荷载，是整个公路构造的重要组成部分，是铁路轨道或公路路面的基础。

为使路线平顺，在自然地面低于路基设计标高处要填筑成路堤，在自然地面高于路基设计标高处要开挖成路堑。路基必须具有足够的强度和稳定性，即在其本身静力作用下地基不应发生过大沉陷；在车辆动力作用下不应发生过大的弹性和塑性变形；路基边坡应能长期稳定而不坍滑。为此，须在必要处修筑一些排水沟、护坡、挡土结构等路基附属构筑物。

路基是一种线形结构物，具有路线长、与大自然接触面广的特点，其稳定性，在很大程度上由当地自然条件所决定。合理选择线位，可以避开地质不良地段和工程艰巨路段，保证路基稳定，减少工程数量，节约工程投资。

路基工程的特点：工艺较简单，工程数量大，耗费劳力多，涉及面较广，耗资亦较多。路基施工改变了沿线原有自然状态，挖、填、借、弃土石方涉及当地生态平衡、水土保持和农田水利。土石方相对集中或条件比较复杂的路段，路基工程往往是施工期限的关键之一。

为了保证线路质量并防止灾害，必须研究路基强度和稳定性的基本规律，针对路基设计、施工和养护等各环节制定科学的技术标准、技术规范和工艺要求。此外，为此目的既需要土力学、岩体力学和工程地质学等有关的学科理论，又必须有从事铁路工程与公路工程的实践工作中所总结得到的专业技术和专业理论，包括路基设计、路基挡土结构、路基土石方施工、路基养护等。

### （四）影响路基施工质量的因素

公路路基具有路线长、与大自然接触面广等特点，大自然直接影响了其公路路基的稳定性。因此，深入调查公路沿线的自然条件，具体地掌握有关自然因素的自然规律及其对路基稳定性的影响，从而因地制宜地采用相应的技术措施，以达到正确进行路基施工和养护的目的。自然因素和人为因素是影响路基施工质量的关键。自然因素主要包括地形、气候、水文与地质、植物覆盖等。人为因素主要包括荷载作用、路基结构、施工方法、养护措施等。公路沿线的人为设施如水库、排灌渠道、水田以及人为活动等也对路基是否稳定有很大的影响。路基在设计施工前，施工人员应掌握公路沿线的湿度及其变化规律，采取相应的调节水温情况的措施，以保证路基具有足够的强度和稳定性。

### （五）路基施工工艺

路基的总体施工工艺可大致概括为"三个施工阶段""四个作业区段""八道工艺流程"。

（1）三个施工阶段是准备阶段、施工阶段、整修验收阶段。

（2）四个作业区段是填筑区段、平整区段、碾压区段、检验区段。施工中需逐层进行流水作业。

（3）八道工艺流程是施工准备、基底处理、分层填筑、摊铺平整、洒水晾晒、碾压夯实、检验签证、路基整修。

路基填筑应严格按照施工工艺进行施工，各区段和流程内只允许进行该段流程的作业，不许几种作业交叉施工。

## 二、路基施工技术分析

### （一）路基施工准备阶段

#### 1. 试验准备

用作路基填方的材料，应按招标文件及监理工程师的要求进行各项试验检测，先测出其填料的最大干容重、最佳含水量、液限、塑限、塑性指数及 CBR 值等，试验方法按《公路土工试验规程》进行，并做有机质含量试验及易溶盐含量试验，经监理工程师认可，方可作为路基填筑材料。

2. 测量放样

根据设计院所给定的导线点、水准点，项目经理部应安排测量工程师复测加密，经监理工程师确认无误后，利用其进行路线中桩、边桩的测量放样。路基直线段每 20m 一点，曲线段每 10m 一点。路基清表前必须首先检测原地面标高，测绘路基横断面，报送监理工程师审核批复。

### (二) 清理与掘除

1. 场地清理

通过现场测量放线，路基范围以内的有机物残渣及地面表层的草皮、农作物的根系和地表腐殖土采用推土机或装载机等清除，集中堆放在业主指定的区域范围内，待以后业主统一调配使用，清除深度一般为 10～30cm。拆迁残留物砖石与其他砌体结构采用推土机配合人工进行拆除，运往指定区域堆放。

2. 拆除与挖掘

路基工程开工后，路基用地范围以内原有结构物的地下部分、所有的树墩树根和其他有机物都必须彻底掘除，运至指定地点处理。

3. 原地面坑 (洞) 穴处理

若原地面存在坑 (洞) 穴时，采用监理工程师批准的碎石回填、压实，经监理工程师检测合格后方可进行下一道工序。

### (三) 路基开挖

1. 挖土方

(1) 施工程序。路基土方开挖前，应按照设计图纸的要求及有关规定进行施工放线、测量放样，准确无误后，报监理工程师审查同意后作为路基施工质量控制的依据。然后进行场地清理和清表工作，开挖深度较浅时可以一次开挖成型，开挖深度较深时应分层开挖并做好边坡的修理和防护。

(2) 主要施工方法。路基土方开挖，须按设计采取自上而下的方法开挖施工。对于高边坡开挖施工，应按图纸设置开挖平台和放坡，每个台阶从上而下同时做好防护工作。

表层腐质土先用推土机清除，然后用自卸汽车运到指定地点，以备复耕或绿化使用；深层土用挖掘机配合推土机开挖，用自卸汽车运输，利用土运到指定填土段，弃土运至指定地点，按一定高度、坡度堆放。开挖施工中遇有不同的土层时，按土层分层进行开挖。边沟开挖根据路段具体情况用挖掘机配合人工开挖。

路堑开挖前应先施工截水沟，做好堑顶截排水。路堑的开挖方法根据路堑的深度、纵向长短及现场施工条件，有横向挖掘法、纵向挖掘法和混合式挖掘法等几种基本方法。横向挖掘法分为适用于挖掘浅且短的路堑的单层横向全宽挖掘法和挖掘深且短的路堑的多层横向全宽挖掘法；纵向挖掘法又可以具体分为分层纵挖法、通道纵挖法和分段纵挖法；混合式挖掘法是多层横向全宽挖掘法和通道纵挖法的综合使用。

2. 挖石方

（1）基本要求。石方开挖应根据岩石条件、开挖尺寸、工程量和施工技术要求，通过方案比较拟定合理的开挖方式。其基本要求：保证开挖质量和施工安全；符合施工工期和开挖强度的要求；有利于岩体完整和边坡稳定；可以充分发挥施工机械的生产能力；辅助工程量少。

（2）开挖方式。石方开挖根据岩石类别、风化程度和节理发育程度等确定开挖方式。主要开挖方式有机械开挖、钻爆开挖和静态破碎法开挖等。机械开挖不需要水、电等辅助设施，简化了场地布置，加快了施工进度，但这种方法不适于破碎坚硬的岩石。钻爆开挖是目前应用较为广泛的开挖施工方法，常用的爆破方法有光面爆破、预裂爆破、微差爆破、定向爆破、硐室爆破等。静态破碎法是将膨胀剂放入炮孔内，利用产生的膨胀力，缓慢地作用于孔壁，经过 4 ~ 24 小时后达到 300 ~ 500MPa 的压力，从而将岩石破碎。对于软石和强风化岩石，采用推土机、挖掘机配合人工直接开挖；次坚石等采用小型松动爆破开挖；坚石等则采用光面爆破、预裂爆破开挖；对于附近存在建筑物或结构物的岩石应采用静态破碎法开挖。

3. 路基填土压实

公路路基的强度和稳定性很大程度取决于路基填料的性质及其压实的程度。从现有条件出发，改进填料和压实条件是保证路基质量最有效和经济的方法。路基填料应有条件地选用，对路基填料的最小强度和最大粒径给了量化的标准。当路基填料达不到规定的最小强度时，应采取掺加粗粒料，或换填或用石灰等稳定材料处理，对其他等级公路铺筑高级路面时，也要采用高速公路和一级公路的规定值。目前路基施工，一般采用的是大吨位的压路机，碾压效果有了明显的改善。对于提高路基土的压实度起到了很好的作用。规范规定高速公路和一级公路路面底面以下 80～150cm 部分的上路堤其压实度必须 ≥ 95%，对其他等级公路当铺筑高级路面时，其压实度亦应按高速公路和一级公路的标准采用。此外，增加了对路堤基底的压实度不宜小于 93% 的规定。随着我国高速公路的飞速发展，路基施工技术也取得了相当大的进步，对于特殊路基的处理技术也日渐成熟和完善。

4. 路基路面排水

水是影响路基强度和稳定性的另一重要因素，许多路基病害是由水的侵蚀造成的。另外，从保护环境、不损害当地农田水利设施考虑，也必须做好路基排水，形成排水系统，并与地区排水规划相协调。在路基施工中，应重视施工排水，防止因各种原因造成的水患，给基、路面施工造成不必要的损失。地面排水，通常采用的地面排水设施是边沟、截水沟、跌水、急流槽以及地表的排水管。对于高速公路和一级公路上的排水沟渠，一般都要求铺砌防护。普遍采用浆砌片石加固，而水泥混凝土预制板块也开始被广泛应用。高速公路和一级公路通过水网地段的路基，过去逢沟设涵的做法在一些地方有了改进，对路线两侧的灌溉沟渠重启系统布置，免去了穿越路线的排灌涵洞，从而提高了路基的工程质量。路面排水的任务是迅速排除路面范围内的降水，减少水从路面渗入，使之不冲刷路基边坡。路拱横坡应 ≥ 2%。雨水排出路面有两种方式。第一种是集中排水，在硬路肩外侧设置水泥混凝土预制块或现浇沥青混凝土的拦水带，以其与硬路肩路面构成三角形的集水槽流水，每隔 20～50m 间距设一泄水口与路堤边坡急流槽衔接将雨水排到坡脚排水沟中。设超高路段的排水通过设在中央带的圆形开口排水沟或雨水井进行排除。第二种是分散排水，多用于地势平坦，路线纵坡小于 0.3% 的长路段，除了硬化路肩和加固路基边坡外，在经过地下水位较高的绿洲地带，也要防止边坡上部的植草向上生长挡住横向排水出路造成路表积水，改进的方法是硬化路肩，设置路肩排水沟，增大沟坡排水。路基地下排水仍多用暗沟、盲沟、渗沟、渗井等，其特点是以渗透力式排水，当水流量较大，多采用带渗水管的渗沟。

5. 路基防护

路基的修筑改变了地层的天然平衡状态，以及路基暴露在空间，不断受各种错综复杂的自然因素侵蚀，因此需要进行各种类型的防护。坡面防护，坡面防护的目的是防止地表水流的冲刷、坡面岩土的风化剥落以及与环境的协调。近年来，随着对环境保护的重视，高等级公路的边坡，多采用种草防护，边坡较高时采用砌石框格种草防护。冲刷防护，防护沿河路基边坡免受冲刷仍多采用直接防护。传统的砌石、抛石、铁丝石笼、挡土墙等有所改进，用高强土工格栅代替铁丝做石笼，用聚酯或聚氨酯类土工织物混凝土护坡模袋做成的护面板防护受水冲浪击的边坡，能适应土体的不均匀沉降。支挡防护，挡土墙用于支挡防护目前仍占主要地位。石砌的重力式挡土墙多用于石料丰富、墙高较低、地基较好的场合；钢筋混凝土结构的悬臂式挡土墙、扶壁式挡土墙和板柱挡土墙其受力比较合理，墙身圬工体积小，也已被广泛应用于公路路基的防护。垛式挡土墙易于调整墙的高度，并采用预制构件拼装，是一种特殊形式的挡土墙。

6. 不良地基处理

随着高速公路和一级公路建设的迅速发展，针对不良地基，在防止路堤失稳、沉降观测控制、不良地基处理技术等方面取得了显著成果。对处理的不良地基用沉降速率作为铺筑路面时间的沉降控制方法，使在不良地基上一次建成高级路面的关键技术问题得到了解决。

## 三、路基冬季施工

### (一)冬季可进行和严禁进行的路基施工项目

在进行冬季路基施工组织编制之前，必须确定路基工程可在冬季进行的施工项目，因为有的项目严禁在低温情况下进行。

1. 路基工程可冬期进行的项目

(1) 岩石地段的路堑或半挖半填地段的开挖作业。

(2) 含水量高的流动土质、流沙地段的路堑开挖。

（3）软基地带冻结到一定深度后，可趁冬期挖去原地面的软土、淤泥层换填合格的其他填料。

（4）沿流水地段利用冬季水位低，开挖基坑修建防护工程，施工前提是加强保温措施，注意养护。

2.路基工程不宜冬期进行的项目

（1）高速公路、一级公路的土路基和地质不良的二级路以下公路路堤。

（2）路基边坡尤其是土质边坡的修整。

（3）原始地面的清表工作、填方路段台阶的挖掘。

（4）地势低洼处在气温回升将被水淹的填土路基。

**（二）编制冬季路基施工组织**

进行冬季施工的工程项目，在入冬前应组织专人编制冬季施工方案。冬季施工方案应包括施工程序，施工方法，现场布置，设备、材料、能源、工具的供应计划，安全防火措施，测温制度和质量检查制度等。

**（三）冬期路基施工安全管理**

施工现场安全最重要，我们应当始终把安全放在第一位。路基冬期施工应遵守安全法规和规程，组建冬季施工安全领导小组，建立安全消防保证体系，并结合如下内容进行安全管理。

1.冬期施工安全教育

（1）对全体职工定期进行技术安全教育，结合工程任务在冬期施工前做好安全技术交底，配备好安全防护用品。

（2）对工人进行安全操作规程的教育，尤其是对没有从事过冬季施工的人员要加大加强安全教育的力度。

（3）特殊工种（包括电气、架子、起重、锅炉、机械、车辆等工种）须经有关部门专业培训，考核发证后方可上岗操作。

2.施工机械设备冬季防寒、防冻措施

（1）在进入冬季前对所有施工机械设备进行全面的维修和保养，做好油水管理工作，结合机械设备的换季保养，及时更换相应品牌的防冻液，防冻液必须符合当地的防冻要求。

（2）各种运输车辆使用的燃油要根据环境、气温选择相应的型号，冷车起步时，要先低速运行一段路程后再逐步提高车速。

（3）冬季运输车辆启动发动机前，严禁用明火对既有燃油系统进行预热，以防止发生火灾。

（4）冰雪天行车，汽车要设置防滑链，司机在出车前检查确认车辆的制动装置是否达到良好状态，不能满足要求时不得出车，风、大雪、大雾等不良气候时停止运行。

（5）严格执行定机定人制度，施工班组机械保管人员要坚守岗位，看管好设备，并做好相应记录。

### （四）路基土石方作业技术

1. 路基冬期施工采取以下措施组织施工：

（1）对路基冬期施工前应进行一些准备工作，对冬期施工项目按次排队，编制实施性的施工组织计划。

（2）冬期施工项目在冰冻前应进行现场放样，保护好控制桩并树立明显的标志，防止被冰雪掩埋。

（3）冰冻前应挖好坡地上填方的台阶，清除石方挖方的表面覆盖层、裸露岩体。

（4）维修保养冬期施工需用的车辆、机具设备，充分备足冬期施工期间的工程材料。

（5）准备施工队伍的生活设施、取暖照明设备、燃料和其他越冬所需的物资。

（6）冬期施工的路堤填料，应选用未冻结的砂类土，碎、卵石土，开挖石方的石块石渣等良好的土。

2. 冬期填筑路堤

（1）冬期填筑路堤，应横断面全宽平填，每层松厚应按正常施工减少20%～25%，且最大松铺厚度不得超过30cm。压实度不得低于正常施工时的要求。

（2）冬季施工的路基填料，选用未冻结的砂类土，碎、卵石土，开挖石方的石块石渣等透水性良好的土，禁用含水量过大的黏性土。

（3）应随挖、随运、随填、随压实，不得中断施工，保证开挖、运填周转时间小于土的冻结时间。

（4）对取土场、路堤的外露土层用松土或草袋覆盖。

（5）挖填方交界处，填土低于1m的路堤不在冬季填筑，涵洞的基坑及洞顶的填土，选用砂、砂砾等透水材料分层压实，填到洞顶1m以上，方可随路堤一齐填筑。桥头路堤、锥坡填心都选用砂砾等透水材料分层夯填密实。

（6）取土坑远离填方坡脚，如条件限制需在路堤附近取土时，取土坑内侧到填方坡脚的距离不得小于正常施工护坡道的1.5倍。

（7）冬季施工填筑的路堤，每层每侧都超填30~50cm的宽度，待正常施工时修整边坡，削去多余部分并拍打密实或加固。

（8）停工后继续施工前，应将表面冰雪及冻结的土层清除。

3. 冬期路堑开挖

（1）路堑开挖应连续作业，分层开挖，中间停顿时间较长时，应在表面覆盖保温层，避免重复被冻。

（2）开挖冻土根据冻土深度、机械设备情况，采用人工破碎或冲击机械、正铲挖掘机等。冻土层较厚时用爆破法破碎。

（3）挖方边坡不应一次挖到设计线，应预留30cm厚台阶，待到正常施工季节再削去预留台阶，整修到设计边坡。

（4）路堑挖至路床面以上1m时，挖好临时排水沟后，应停止开挖并在上面覆以松土，待到温度回升正常施工时，再挖去多余部分。

（5）冬期开挖路堑必须从上向下开挖，严禁从下向上掏空挖。

（6）每日开工时选挖向阳处，气温回升后再挖背阴处。如开挖时遇地下水源，应及时挖沟排水。

（7）冬季施工开挖路堑的弃土应远离路堑边坡堆放。弃土堆高度不大于3m，弃土堆坡脚到路堑边坡顶的距离不小于3m，深路堑或松软地带保持5m以上，弃土堆摊开整平，严禁将弃土堆于路堑边坡顶上。

4. 冬季砌体施工

冬季进行砌体施工，由于气温的影响，使得施工方必须在材料和施工工艺上采用与常温施工不一样的技术。

（1）材料要求：

①砌块应干净，无冰霜附着；砂中不得含有冰块或冻结团块。遇水浸泡后受冻的砌块不能使用。

②冬期施工的砌筑砂浆必须保持正温，砂浆与石材表面的温度差不宜超过20℃。石灰膏不宜受冻，如有冻结，应经融化并重新拌和后方可使用，但因受冻而脱水者不得使用。

③冬期砌筑砌体，只准使用砂浆或水泥石灰砂浆，不准使用无水泥配制的砂浆。砂浆宜采用普通硅酸盐水泥拌制，砂浆应随拌随用，搅拌时间应比常温时增加0.5~1.0倍，砌石砂浆的稠度要求40~60mm。

（2）冬期施工前后气温突然降低时，正在施工的砌体工程应采取下列措施：

①拌和砂浆的材料加热，水温不得超过80℃，砂子不得超过40℃，使砂浆温度不低于20℃。

②拌制砂浆的速度与砌筑进度密切配合，随拌随用。

③砌完部分用保温材料覆盖表面，气温低于5℃时不能洒水养护。

④为加速砂浆硬化，缩短保温时间，可在水泥砂浆中掺加氯化钙等早强剂，其掺量通过试验确定。

### （五）冬季路基施工环保措施

与常温施工一样，冬季施工应当推行规范化、标准化施工，做到环保施工、文明施工，保持优良信誉，树立企业形象。

（1）避免噪声干扰和环境污染，各种材料、机械设备存放整齐，施工现场清洁整齐，井然有序。

（2）冬季施工中产生的废料，要选择合适的地点深埋或采取其他有效的措施进行处理，尽量减少对周围环境的影响和破坏。施工废水、生活污水不得污染水源、耕地、农田、灌溉渠道。清洗集料、机具或含有油污的操作用水，采用过滤的方法或沉淀池处理，使生态环境受损降到最低程度。

（3）对影响群众正常生产生活的地方，修建必要的临时设施。危险地段设置足够的照明、护栏、围栏、警告牌等设施，以确保公众的安全与方便。

综上所述，冬季施工时因地制宜地确定经济合理的施工方案和制定切实可行的技术措施，不仅能保证施工质量，还能充分利用冬期这段时间达到节约工期、扩大经济效益的目的，这是我们施工中值得把握的重要环节。

## 第三节 公路路面施工

路面工程包含路面基层（底基层）施工技术，沥青路面施工技术，水泥混凝土路面施工技术，路面防、排水施工技术，特殊沥青混凝土路面施工技术，路面试验检测技术等。

### 一、路面基层施工技术

#### (一) 粒料基层 (底基层)

粒料基层包括嵌锁型和级配型两种。嵌锁型包括泥结碎石、泥灰结碎石、填隙碎石等，其中填隙碎石可用于各等级公路的底基层和二级以下公路的路基。级配型包括级配碎石、级配砾石、符合级配的天然沙砾、部分砾石经轧制掺配而成的级配砾、碎石等，其中级配碎石可用于各级公路的基层和底基层；级配砾石、级配碎砾石以及符合级配、塑性指数等技术要求的天然沙砾，可适用于轻交通的二级和二级以下公路的基层以及各级公路的底基层。

1. 对原材料的技术要求

（1）填隙碎石的单层铺筑厚度宜为 10 ~ 12cm，最大粒径宜为厚度的 0.5 ~ 0.7 倍。用作基层时，最大粒径不应超过 53mm；用作底基层时，最大粒径不应超过 63mm。填隙料可用石屑或最大粒径小于 10mm 的沙砾料或粗砂，主骨料和填隙料的颗粒组成可参照有关规范的规定。

（2）级配碎石宜用几种粒径不同的碎石和石屑掺配拌制而成，其粒料的级配组成应符合相应的试验规程的要求，且级配应接近圆，应符合相滑曲线。用于底基层的为筛粉碎石的级配应满足试验规程的要求。级配碎石用作基层时，其压实度不应小于 98%；用作底基层时，其压实度不应小于 96%。

（3）级配砾石或天然沙砾用作基层或底基层，其颗粒组成应符合相应的试验规程的要求，且级配宜接近圆滑曲线。

2. 填隙碎石施工

（1）备料。根据基层的宽度、厚度及松铺系数，计算粗碎石用量。填隙料用量为粗碎石用量的30%～40%。

（2）运输粗碎石。由远到近将粗碎石按规范计算的距离卸置于下承层上。卸料距离应严格掌握。

（3）摊铺。用平地机或其他合适的机具将粗碎石均匀地摊铺在预定的宽度上，表面应力求平整，并有规定的路拱。应同时摊铺路肩用料。

3. 撒铺填隙料和碾压

（1）干法施工。干法施工的主要内容为初压、撒铺填隙料、碾压、再次撒布填隙料、再次碾压、填隙等，其中碾压为用振动压路机慢速碾压，将全部填隙料振入粗碎石间的孔隙中；再次碾压是用振动压路机按前述进行碾压；再次碾压后，表面必须能看得见粗碎石。如填隙碎石层上为薄沥青面层，应使粗碎石的棱角外露3～5mm；当需分层填筑时，应将已压成的填隙碎石层表面粗碎石外露5～10mm，然后在上摊铺第二层粗碎石；填隙碎石表面孔隙全部填满后，用12～15t三轮压路机再碾压1～2遍。在碾压过程中，不应有任何蠕动现象。在碾压前，宜在表面先洒少量水。

（2）湿法施工。湿法施工开始工序与干法施工要求相同。粗石层表面孔隙全部填满后，立即用洒水车洒水，直到饱和，但应注意避免多余水浸泡下承层。然后用12～15t三轮压路机跟在洒水车后进行碾压。再之后是干燥，即碾压完成的路段应让水分蒸发一段时间。最后当需分层铺筑时，应待结构层变干后，将已压成的填隙碎石层表面的填隙料扫除一些，使表面粗碎石外露5～10mm，然后在上摊铺第二层粗碎石。

## （二）无机结合料稳定基层施工

### 1. 无机结合料稳定类基层分类及适用范围

（1）水泥稳定土。适用范围：各级公路的基层和底基层，但水泥稳定细粒土不能用作二级和二级以上公路高级路面的基层。

（2）石灰稳定土。适用范围：各级公路的底基层，以及二级和二级以下公路的基层，但石灰土不得用作二级公路的基层和二级以下公路高级路面的基层。

（3）石灰工业废渣稳定土。适用范围：各级公路的基层和底基层，但二灰、二灰土和二灰砂不应做二级和二级以上公路高级路面的基层。

2. 对原材料的技术要求

（1）水泥：初凝时间 3h 以上和终凝时间较长（宜在 6h 以上）的水泥。

（2）石灰：应符合Ⅲ级以上消石灰或生石灰的技术指标。应检验石灰的有效钙和氧化镁含量。

（3）粉煤灰：粉煤灰中 $SiO_2$、$Al_2O_3$ 和 $Fe_2O_3$ 的总含量应大于 70%，烧失量不宜大于 20%。

（4）集料：集料应符合压碎值及级配要求。

（5）水泥稳定类材料的压实度（按重型击实标准）及 7d（在非冰冻区 25℃、冰冻区 20℃条件下湿养 6d、浸水 1d）龄期的无侧限抗压强度应满足相关规范的要求。

（6）水泥剂量应通过配合比设计试验确定。当水泥稳定中、粗粒土做基层时，应控制水泥剂量不超过 6%。

（7）采用水泥稳定碎石土、砾石土或含泥量大的砂、砂砾时，宜掺入一定剂量石灰进行综合稳定。当水泥用量占结合料总量的 30% 以上时，应按水泥稳定类进行设计，否则按石灰稳定类设计。

（8）水泥稳定粒径均匀且不含或细料很少的砂砾、碎石以及不含土的砂时，宜在集料中添加 20% ~ 40% 的粉煤灰或添加剂量为 10% ~ 12% 的石灰土进行综合稳定。

## 二、沥青路面施工技术

### (一) 施工前期准备工作

1. 沥青透层

施工前应对基层再次进行全面检查，严格把关，以防质量隐患。采用沥青洒布车自动洒布，洒布沥青用量 0.8 ~ 1.0kg/mt，洒布后立即撒布 3 ~ 8mm 集料，其用量为 $1m^3/1000m^3$，并用 6 ~ 8t 钢轮压路机碾压 1 ~ 2 遍。具体施工时先做试验路，待施工工艺熟练，沥青用量确定并经监理工程师同意后正式施工。

洒布车的行驶速度及喷嘴的高低、角度均由试验确定，并报监理工程师审批。施工时要防止沥青对构造物的污染，施工时应注意保护侧平石、人行道板以免影响公路的美观，封层施工后尽量减少车辆通行。

2. 试验段

沥青路面正式施工前，选定一段合适的地段做试验路，试验路的施工分试拌和试铺两个阶段，试验的内容主要有以下几方面。

（1）根据沥青路面各种施工机械相匹配的原则，确定合理的施工机械、机械数量及组合方式。

（2）通过试铺确定摊铺机的摊铺温度、摊铺速度、摊铺宽度、自动找平方式等操作工艺；确定压路机的压实顺序、碾压温度、碾压速度及碾压遍数等压实工艺；确定松铺系数、接缝方法等。

（3）验证沥青混合料配合比设计结果，提出生产用的矿料配合比和沥青用量。

（4）建立用钻孔法及核子密度仪法测定密实度的对比关系。确定各种类型沥青混凝土压实标准密度。

（5）确定施工产量及作业段的长度，制订施工计划。

（6）全面检查材料及施工质量。

（7）确定施工组织及管理体系、人员、噪声联络及指挥方式。

在试验路段的铺筑过程中，认真做好记录分析，主动接受监理工程师或工程质量监督部门监督、检查试验段的施工质量，确定有关成果。铺筑结束后，及时就各项试验内容提出试验总结报告，报监理工程师审批，作为施工依据。

### （二）运输与摊铺

1. 运输

运输车辆的安排要保证沥青拌和场一小时产量的运量，同时要保证摊铺机前始终有车辆在排队等候卸料。

运送沥青混合料车辆的车厢底板面及侧板必须清洁，不得沾有有机物质，为防混合料粘在车厢底板可涂刷一薄层油水（柴油与水为1:3）混合液。

为了保持沥青混合料的温度，以及防止灰尘污染混合料，运料车上均要覆盖篷布，并采用大型自卸车运输，运送到现场的沥青混合料温度不低于135℃。不符合温度要求或已经结成团块、已遭雨淋湿的混合料应废弃。

2. 摊铺

在进行沥青路面摊铺前有必要对路面基层再次进行检查，把质量隐患消灭在下一道工序之前。通常检查的内容有基层表面沥青封层有无损坏、平整度、横坡、宽度、高程等是否符合要求，同时，在沥青混合料接触的构造物表面涂上粘层沥青。摊铺前，工程技术人员首先进行施工放样，设置找平基准线，直线段每10m设一桩，平曲线段每5m设一桩，把挂线专用桩打在两侧路面边缘外0.3~0.5m的地方，挂线的高度即为摊铺松铺高度。分别制作上、下面层的标准垫块（设计厚度+松铺厚度），通过试验段铺筑的成功经验，确定摊铺速度、振动振捣频率、松铺系数、碾压速度、碾压遍数、路面最低碾压温度等数据。

为了提高路面平整度，摊铺速度与材料进场速度要相匹配，保证摊铺机在一个作业段内连续不断地摊铺。在施工过程中要合理地安排沥青混凝土进场计划，以防沥青混合料降温过多，造成损失。下面层摊铺采用拉钢丝走基准线的方法来控制高程、平整度和横坡，上面层采用浮动基准梁进行摊铺，确保摊铺厚度和平整度。

摊铺前，摊铺机要提前30分钟就位，并将熨平板预热到120℃后，再进行摊铺，沥青混合料的摊铺温度不低于130℃，通常采用两台摊铺机组成梯队联合摊铺，两台摊铺机前后的距离一般为10~30m，前后两台摊铺机轨道重叠50~100mm。当采用一台摊铺机全幅摊铺时，需进行试铺，必须确保混合料的离析程度不至于影响沥青路面的质量，经监理工程师同意后方可采用。

摊铺过程不得随意变换速度或中途停顿，摊铺后的混合料，不得用人工反复修整，但出现下列情况时除外：

(1) 横断面不符合要求，构造物接头部分缺料。

(2) 摊铺带边缘局部缺料，表面明显不平整。

(3) 局部混合料明显离析，摊铺机后有明显的拖痕。

摊铺好的沥青混合料应紧跟着碾压，如因故不能及时碾压或遇雨时，要立即停止摊铺，并做好沥青混合料的保温工作。下面层路面摊铺完成后尽快安排上面层的摊铺，如间隔时间较长，下面层表面受到污染时，摊铺上面层前应对下面层表面进行清扫，并视情况适量洒布透层沥青。

3. 碾压

碾压作业在混合料处于能获得最大密实度的温度下进行，开始碾压温度一般不低于120℃，碾压终了温度钢轮压路机不低于70℃，轮胎压路机不低于80℃，振动压路机不低于65℃。压实工作按铺筑试验路面确定的压实设备的组合和程序进行。

碾压的一般程序为初压、复压、终压三个阶段。由于该工程使用的摊铺机具有双夯锤振捣装置和机械振动装置，并可根据混合料类型和摊铺厚度调整振动频率，使摊铺后路面的预压实度达到80%以上。为此，我们采取的压实方法是用压路机紧跟着摊铺机静碾1遍、振碾2遍后用重型轮胎压路机碾压4~6遍，然后用振动压路机振碾1遍，静碾1~2遍，并以消除轨迹为度。压实由外侧向路中心进行，相邻碾压带均应重叠一定的轮宽，压路机行走的路线来回都应是直线，每次由两端折回的位置呈梯形随摊铺机向前推进，使折回处不在同一横断面上。轮胎压路机的轮胎气压注意保持一致（不少于0.5MPa），以防止轮胎软硬不一而影响平整度。路面温度降到70℃以下时，不能再碾压。碾压速度保持慢而均匀，一般初压速度为1.5~2.0km/h，复压速度振动压路机为4~5km/h，轮胎压路机为3.5~4.5km/h，终压速度为2~3km/h，在摊铺机连续摊铺时，压路机不得随意停顿。

在沿着路缘石或压路机压不到的其他地方，采用小型压实机把混合料充分压实。已经完成碾压的路面，不得修补表皮。

沥青路面的碾压方法不是一成不变的，因为压实质量与压实温度有直接的关系，而摊铺后混合料温度是在不断变化的，特别是摊铺后4~15分钟，温度损失最大，因此必须掌握好有效压实时间，适时碾压，并根据摊铺厚度、自然条件及时调整碾压方法，确保压实质量。

4. 接缝

横向接缝处理的好坏，直接影响沥青路面平整度和行车舒适性。铺筑时应尽量把横向接缝设在构造物的连接处，如无法避免时，在施工结束时，摊铺机在接近端部前约1米处将熨平板稍稍抬起驶离现场，用人工将端部混合料铲齐后再予碾压，然后用3米直尺检查平整度，趁尚未冷却时垂直切除端部厚层不足的部分，使下次施工时成直角连接。重新摊铺前，应用3米直尺仔细检查端部平整度，当不符合要求时应予清除。符合要求后，在垂直面上涂上粘层沥青，摊铺时调整好预留高度，摊铺后及时进行碾压，碾压先用钢轮压路机进行横向碾压，碾压带的外侧应放置供压路机行驶的垫木，碾压时，压路机位于已压实的混合料层上，碾压新铺层的宽度为15cm。然后每压一遍向新铺混合料移动15～20cm，直至全部压在新铺层上为止，再改为纵向碾压。接缝处施工后，再用3米直尺检查平整度，当有不符合要求之处应趁混合料尚未冷却时立即处理，以保证横向接缝处的路面平整度。另外，应注意相邻两幅或上下层的横向接缝均要错位1米以上。

5. 质量控制

在摊铺过程中，时刻注意外观的检验，发现情况及时处理，确保表面平整密实，边线整齐，无泛油、松散、裂缝、啃边和粗细集料集中等现象，表面无明显轨迹，横缝紧密、平顺，面层与路缘石及其他构筑物衔接平顺，无积水现象。

## 三、水泥混凝土路面施工技术

### (一) 施工放样

施工前根据设计要求利用水稳层施工时设置的临时桩点进行测量放样，确定板块位置和做好板块划分，并进行定位控制，在车行道各转角点位置设控制桩，以便随时检查复测。

### (二) 支模

根据混凝土板纵横高程进行支模，模板采用相对应的高钢模板，由于是在水泥稳定碎石层上支模，为便于操作，先用电锤在水泥稳定碎石层上钻孔，孔眼直径与深度略小于支撑钢筋及支撑深度，支模前根据设计纵横缝传力杆拉力杆设置要求对钢模进行钻孔、编号，并严格按编号顺序支模，孔眼位置略大于设计传力杆、拉力杆直径，安装时将钢模垫至设计标高，钢模与水泥稳定砂石层间隙用细石混凝土填灌。以免漏浆，模板支好后进行标高复测，并检查是否牢固，水泥混凝土浇筑前刷脱模剂。

### (三) 钢筋制作安放

钢筋统一在场外按设计要求加工制作后运至现场，水泥混凝土浇筑前安放。

(1) 自由板边缘钢筋安放。自由板边缘钢筋安放，离板边缘不少于5cm，用预制混凝土垫块垫托，垫块厚度为4cm，垫块间距不大于80cm，两根钢筋安放间距不少于10cm。在浇筑混凝土过程中，钢筋中间保持平直，不变形挠曲，并防止移位。

(2) 角隅钢筋安放。在混凝土浇筑振实至与设计厚度差5cm时安放，距胀缝和板边缘各为10cm，平铺就位后继续浇筑、振捣上部混凝土。

(3) 检查井、雨水口防裂钢筋安放同自由板边缘钢筋安放方法。

### (四) 混凝土摊铺、振捣

钢筋安放就位后即进行混凝土摊铺，摊铺前刷脱模剂，摊铺时保护钢筋不产生移动或错位。即混凝土铺筑到厚度一半后，先采用平板式振动器振捣一遍，等初步整平后再用平板式振动器再振捣一遍。振捣时，振捣器沿纵向一行一行地由路边向路中移动，每次移动平板时前后位置的搭头重叠面为20cm左右 (约为1/3平板宽度)，不漏振。振动器在每一位置的振动时间一般为15～25s，不得过久，以振至混凝土混合料泛浆、不明显下降、不冒气泡、表面均匀为度。凡振不到的地方如模板边缘、进水口附近等，均改用插入式振动器振捣，振动时将振动棒垂直上下缓慢抽动，每次移动间距不大于作用半径的1.5倍。插入式振动器与模板的间距一般为10cm左右。插入式振动器不在传力杆上振捣，以免损坏邻板边缘混凝土。经平板振动器整平后的混凝土表面，基本平整，无明显的凹凸痕迹。然后用振动夯样板振实整平。振动夯样板在振捣时其两端搁在两侧纵向模板上，或搁在已浇好的两侧水泥板上，作为控制路面标高的依据。自一端向另一端依次振动两遍。

### (五) 抹面与压纹

混凝土板振捣后用抹光机对混凝土面进行抹光后用人工对混凝土面进

行催光，最后一次要求细致，消灭砂眼，使混凝土板面符合平整度要求，催光后用排笔沿横坡方向轻轻拉毛，以扫平痕迹，后用压纹机进行混凝土面压纹，为保证压痕深度均匀，控制好压纹作业时间，压纹时根据压纹机的尺寸，用角铁做靠尺，规格掌握人可以在其上面操作而靠尺不下陷，沾污路面为原则。施工中要经常对靠尺的直顺度进行检查，发现偏差时及时更换。

### （六）拆模

拆模时小心谨慎，勿用大锤敲打以免碰伤边角，拆模时间掌握在混凝土终凝后 36～48 小时，以避免过早拆模损坏混凝土边角。

### （七）胀缝

胀缝板采用 2cm 厚沥青木板，两侧刷沥青各 1～2mm，埋入路面，板高与路面高度一致。在填灌沥青玛蹄脂前，将其上部刻除 4～5cm 后再灌沥青玛蹄脂。

### （八）切缝

缩缝采用混凝土切割机切割，深度为 5cm，割片厚度采用 3mm，切割在拆模后进行，拆模时将已做缩缝位置记号标在水泥混凝土块上，如横向缩缝（不设传力杆）位置正位于检查井及雨水口位置，重新调整缩缝位置，原则上控制在距井位 1.2m 以上。切割前要求画线，画线时与已切割线对齐，以保证同一桩号位置的横缝直顺美观，切割时均匀用力做到深度一致。

### （九）灌缝

胀缝、缩缝均灌注沥青胶泥，灌注前将缝内灰尘、杂物等清洗干净，待缝内完全干燥后再灌注。

### （十）养护

待公路混凝土终凝后进行覆盖草袋、洒水养护，养护期间不堆放重物，行人及车辆不在混凝土路面上通行。

# 第四节　高速公路绿化景观施工

　　高速公路绿化工程是体现高速公路服务质量、服务水平的一个重要指标，其对提升高速公路在人们心中的地位，乃至相关区域的吸引力和经济增长都发挥着巨大作用。在这种发展形势下，对高速公路绿化工程展开系统的研究显得十分必要和迫切。

　　高速公路绿化工程包括自然绿化工程和人为绿化工程。其中自然绿化工程指天然形成的地形、地貌和地物，如大海、平原、山区、草原、森林等绿化工程。人文绿化工程是指人类为满足物质和精神生活的需求，要重视生态建设的理念，要回归自然，与周边原有生态相融合。

## 一、铺设表土

### （一）一般规定

　　表土应为符合要求的种植土；铺设表土平整，厚度、排水应符合设计要求。

### （二）施工准备

　　（1）施工前应调查土源和土质，土质应为符合要求的种植土；土质条件差可采取相应的消毒、施肥和客土等措施改良土质，以满足种植要求；铺设表土平整，厚度、排水应符合设计要求。

　　（2）施工前应调查边坡坡度和铺筑厚度，了解设计种植物种。

### （三）施工要点

　　（1）施工单位应确定挖取的表土以及恢复该地区的安排，采集地在用地界外应经有关机构批准。

　　（2）地表面的准备：

　　①覆盖表土范围的地表面，应进行深翻，将土块打碎使成为均匀的种植土，不能打碎的土块，大于25mm的砾石、树根、树桩和其他垃圾应清除并运到监理工程师同意的地点废弃。

②通过翻松、加填或挖除以保持地表面的平整。

（3）铺设：

①准备工作完成后，应立即铺设表土，当表土过分潮湿或不利于铺设时，不应进行铺设，除非另有规定。表土铺设完成后，其表面标高应比路缘石、集水井、人行道、车行道或其他类似结构低25mm。

②表土铺设达到要求厚度后，其完成的工程应符合图纸所要求的线形、坡度、边坡。

③铺设后，施工单位应用机具将表土滚压，并形成至少深50mm的纵向沟槽，全部铺设面积应具有均匀间隔的沟槽，其方向宜垂直于天然水流，以利于排水，但图纸另有要求者除外。

**（四）质量要求**

表土质量应为松散的、具有透水作用并含有有机物质的土壤，能助长植物生长，不应含有盐、碱土，且无有害物质以及大于25mm的石块、棍棒、垃圾等。

**二、铺植草皮**

**（一）一般规定**

（1）草皮应为符合设计要求的品种，整体图案美观。
（2）草皮应无枯黄、无明显病虫害、无连续空白。

**（二）施工准备**

（1）施工前应全面了解铺植草皮品种。
（2）施工前做好机铺植草皮机具和材料的准备工作。
（3）施工前应做好液压喷草的技术交底工作。

**（三）施工要点**

1.选择草皮
应选择适合于当地气候条件、易于生长，同时具有耐旱、耐涝、容易生长、蔓面大、根部发达、茎低矮强壮和多年生长的特性的草种。

2. 场地准备

(1)施工单位应按绿化工程布置的图纸标出种植地段、种植位置及品种的轮廓，并进行放样。

(2)种植场地应修整到设计的线形和坡度，并具有舒顺的外形，清除场地中所有大土块、石块、硬土及其他杂物和不适于种植的材料，且处理好的表土和底土应分开。

(3)在铺植时，先在场地内铺设 30mm 厚的符合要求的表土。

3. 草皮验收

(1)施工单位应在铺植工作前提供有关草皮供应来源的全部资料。

(2)草皮应符合设计要求，并符合现行关于植物病害及虫传染检疫的法规的要求，需提供必要的全部检疫证明。

4. 草皮铺植

在铺植地表的准备工作完成以后，即可铺植草皮，铺草皮时，除平铺外，在边坡较高、较陡之处也可铺植，即自坡脚处向上钉铺，用小尖木桩或竹签将草皮钉固于边坡上，铺植的形式，按图纸要求。

5. 草皮养护

铺植后应进行喷灌浇水养护，并对草皮进行拍打，养护初期应让草皮保持湿润状态，根据天气情况控制浇水量，结合浇水进行病虫害的防治和生长期追肥，使其顺利进入生长旺盛期。在草皮成坪、苗木生长正常后（大约3个月后）逐渐减少浇水次数，锻炼植物的适应能力，但在一年内尤其在旱季要视天气情况对其进行定期护理，逐步进入自然生长状态。

### (四)质量要求

(1)绿地草坪应符合设计要求，整体图案美观。

(2)草坪应无杂草、无枯黄、无明显病虫害，无连续 $0.5m^2$ 以上空白面积。

(3)草坪应整洁，表面应平整，微地形整理应符合设计要求，不应有明显集水区。

(4)草坪成活率应 $\geq 95\%$。

(5) 如果有绿化喷灌设施应能正常运转。

## 三、液压喷草

### (一)一般规定

坡面绿化符合设计要求,草灌成活,分布均匀,整体效果美观。

### (二)施工准备

(1) 施工前应全面了解铺植草皮品种。

(2) 施工前应做好液压喷草机具和材料的准备。

(3) 施工前应做好液压喷草的技术交底工作。

### (三)施工要点

1. 坡面检验及修整

对于一般坡面应进行常规处理——刷除多余土方、平整竖向冲沟、耙松光滑坡面表土,对于坡率大于 1∶1 的陡坡应对坡面进行特殊处理——沿等高线开挖凹槽、植沟或蜂窝状浅坑。

2. 搅拌混合

采用设计要求的混生互补的草(灌)种与肥料、黏合剂、保水剂、内覆纤维材料、色素及水等按规定比例放入混料罐内,通过搅拌器将混合液搅拌至全悬浮状。

3. 机械喷播

采用的机具进行喷播植生,在喷播施工过程中,喷枪应左右各偏 45°～60° 范围以全扇面或半扇面沿喷播路线依次按最佳着地点(在喷撒抛物线最高点后 1～3m 范围内)要求实施喷播,并注意左右扇面搭接,喷播施工时应注意风向,应避免逆风喷播,大风、大雨应停止喷播施工。

4. 铺设无纺布

完成喷播植生施工后,应及时铺设外层覆盖材料——无纺布,采用单层 $14g/m^2$ 规格或双层 $10g/m^2$ 规格的无纺布,无纺布铺设后,应采用 U 型钉或竹签及时固定,在风口处还应在其上下压土(石)、中部拉绳加固。无纺布

的覆盖待苗出齐后 (幼苗植株长到 5 ~ 6cm 或 2 ~ 3 片叶时) 揭除。

5. 养护管理

植物喷播完毕后,应在草种发芽、成坪期和苗木恢复生根期进行养护工作,在这个时期每天保持基质层湿润,根据天气情况控制浇水量,结合浇水进行病虫害的防治和生长期追肥,使其顺利进入生长旺盛期,在草苗成坪、苗木生长正常后 (大约 3 个月后) 逐渐减少浇水次数,锻炼植物的适应能力。但在一年内尤其在旱季要视天气情况对其进行定期护理,逐步进入自然生长状态。

## 四、乔木、灌木和攀缘植物

### (一) 一般规定

(1) 种植植物品种宜选用适宜当地气候和地质条件的本土植物为主。

(2) 所有植物应考虑公路沿线地区特点,选择适合于当地气候条件易于生长的,并有丰满干枝体系和苗壮的根系。植物应无缺损树节、擦破树皮、受风冻伤害或其他损伤,植物外观应显示出正常健康状态,能承受上部及根部适当的修剪,所有植物应在苗圃采集。

(3) 乔木应具有挺直的树干,良好发育的枝权,根据其自然习性对称生长。

(4) 运到现场的乔木高度应符合图纸要求,其胸径 (树高出地面 1.3m 处) 应不小于 30mm。

(5) 不允许采用代替品种,除非证实在承包期内的正常种植季节采集不到规定的植物。只有经监理工程师同意后,才允许种植代替品种。

(6) 各类植物应在公路所经当地的最适宜的季节进行种植,除非图纸上另有标明或监理工程师指示,土壤条件不适合种植时不应种植。

### (二) 施工准备

(1) 施工前应全面了解乔木、灌木和攀缘植物品种。

(2) 施工前应做好乔木、灌木和攀缘植物的机具和材料的准备。

(3) 施工前应做好乔木、灌木和攀缘植物的技术交底工作。

### (三) 施工要点

1. 植物运送

(1) 在运出植物前，应由园艺人员按起苗、调运等技术要求负责将植物挖出、包扎、打捆，以备运输；任何时候，植物根系应保持潮湿、防冻、防止过热。落叶树在裸根情况下运输时，应将根部包涂黏土浆，使根的全部带有泥土，然后包装在稻草袋内。所有常青树及灌木的根部，均应连同掘出的土球用草袋包装。运到工地及种植前，这些土球应结实，草包应完好，树冠应仔细捆扎以防止枝权折断。

(2) 植物以单株、成捆、大包或容器内装有一株或多株植物运到工地时，均应分别系有清楚的标签，标明植物名称、尺寸、树龄或其他详细资料，这对鉴别植物是否符合规定是必要的。当不能对各单株植物分别标明时，标签内应说明成捆、成包以及容器内的各种规格植物的数量。

2. 储存和保护

(1) 运到工地后一天内种不完的植物，应存放在阴凉潮湿处，以防日晒风吹，或暂进行假植。

(2) 裸根树种应将包打开，放在沟内，根部暂盖壅土，并保持湿润。

(3) 带有土球及草袋包装的植物，应用土、稻草或其他适当材料加以保护，并保持土、稻草等潮湿，以防根系干燥。

3. 种植准备

(1) 施工单位应按绿化工程布置的图纸标出种植地段、种植位置及苗木品种和规格，并进行放样，在种植之前这些布置应得到监理单位的检查认可。尚应做到：种植穴、槽定点放线应符合设计图纸要求，位置应准确，标记明显；种植穴定点时应标明中心点位置。种植槽应标明边线；定点标志应标明树种名称 (或代号)、规格；行道树定点遇有障碍物影响株距时，应与设计单位取得联系，进行适当调整。

(2) 种植地段应修整到符合监理单位指示的线形和坡度，并具有舒顺的外形。在种植中所有大土块、石块、硬土及其他杂物和不适于种植的材料，均应由施工单位自工地移走。处理好的表土和底土应分开，并得到监理单位认可。

（3）在种植时，先在坑底松填约 150mm 厚的表土。

4. 刨坑

（1）刨坑刨槽的规格要求：刨坑刨槽位置要准确，坑径应根据根系、土球大小及土质情况而定，刨坑刨槽要直上直下成桶形，不得上大下小或上小下大，以免造成窝根或填土不实；坑径一般可比植物的根系或土球直径大 0.2～0.3m，具体应符合规范和设计要求；如遇土质过黏、过硬或含有有害物质（如石灰、沥青等），则应适当加大坑径。

（2）刨坑的操作。刨坑时应以所定位置为中心，按规定坑径划一圆圈作为刨坑的范围。

挖坑时应把表土与底土分别置放，不同的土质亦应分开堆放。堆放位置以不影响栽植为宜。刨坑到规定深度后在坑底垫底土。

挖坑的坑壁要随挖随修使其呈直上直下形状，不要呈锅底形。

刨坑时如发现地下管道、电缆等地下设施应停止操作，并及时向监理单位报告，请示处理办法。

在斜坡处挖坑应先做成一平台，平台大小应以坑径最低规格为依据，做成后在平台上再挖坑。

在土层干燥地区应于种植前浸穴。挖穴、槽后，应施入腐熟的有机肥作为基肥。

5. 栽植

（1）修剪工作对高大乔木应在散苗前后进行，即在栽植前进行，高度 3m 以下无明显主尖的乔木和灌木为了保证栽后高矮一致、整齐美观，可在栽植后修剪，疏剪的剪口应与树干平齐不留枯干以免影响愈合；短截时注意留外芽，剪口距芽位置要合适，一般离芽 10mm 左右，剪口应稍斜成马蹄形；修剪 20mm 以上的大枝剪口应涂防腐剂，可促进愈合和防止病虫雨水侵害。

（2）散苗、散露根苗应掌握随掘随运随散苗、随栽植，尽量缩短根部暴露时间以利成活。散苗时要轻拿轻放，行道树散苗要顺路的方向放树苗，不得横放在路上影响交通；散带土球树木，要注意保护土球完整，搬运土球时不得只搬树干，尽量少滚动土球。

（3）栽植前对露根苗的根系要进行修剪，将断根、劈裂根、感染病虫害根、过长的根剪去，剪口要平滑，带土球苗和灌木应将围拢树冠的草绳剪断。

（4）栽植前应检查坑的大小，深度是否与根系、土球规格标准要求的坑径一致，不符时应修整。

（5）栽树时不得歪斜，要保持树木上下垂直，有树弯时应掌握树尖与根部在一垂直线上，行道树的树弯应在顺路的方向，与路平行。

（6）应由有经验的工人，按照正常做法，进行种植和回填土，植物应垂直地栽好，比在苗圃的种植深度加深20～30mm。种植前的乔木和灌木应经监理单位检查认可。

（7）对裸根植物，先将表土放在坑底，其松散厚度约150mm，随即撒布适量（视表土性质而定）有机肥，在肥料上覆盖50～100mm回填土层，使根系不接触肥料。随后将裸根植物放在树坑中央，以自然形态散开根系，所有折断或损坏的根系，应予截去，促使根部生长良好。

在树坑四周及其上回填土后捣固并适当压紧，当回填到根系一半深度时，将植物稍提起，随即再按每层厚150mm回填土并压实。植物四周应由土围成与树坑大小相同的浅盆形凹穴（浅土盆）的蓄水池，深约150mm。

（8）栽行道、行列树应横平竖直，栽植时可每隔10或20株按规定位置准确地栽上一株作为前后植树对齐的依据，然后再分别栽植。

（9）根部带有土球的植物，应和上述（7）一样进行处理，并将表土及肥料放在穴内。随即将乔木或灌木垂直栽在坑底放稳，栽种深度应比苗圃时深25mm。回填土随即填在植物土球周围并捣实。土球上部的麻（草）袋应割开并移去，将土球上部的土松开并摊平，然后将其余回填土填下，还应做好浅土盆的蓄水池。

（10）栽植较大规格的常绿树和高大乔木时应在栽植同时埋上支柱，支柱应埋深在0.3m以下，支柱要捆牢，并注意不要使支柱与树干直接接触以免磨伤树皮。立支柱方向应在下风口。

（11）在种植后应按图纸要求，对乔木或灌木浇水，并要浇透，半月之内，再浇透水2～3次。其后每周一般浇水一次，视气候情况而定，直到植物成活为止。

（12）对于在中央分隔带栽植起防眩作用的树木，其高度和株距应符合图纸要求，如图纸无规定，则树高宜为 1.6m，株距宜为 2.0m。

# 第五节　立交桥施工技术

## 一、施工测量

### (一) 测量依据

（1）根据业主提供的平面控制点与水准点为基准进行复测和引测。根据业主提供的有关测量资料、设计图纸、复测资料进行计算和测量放样。

（2）以该工程执行的施工规范中的有关规定作为精度标准。

### (二) 平面控制测量

（1）对施工现场及控制点进行实地踏勘，结合该工程平面布置图，建立施工测量平面控制网。再考虑通视条件、稳固状态、放样方便等各种因素，要求达到每 200m 设一个控制点。控制点在高架桥中心线两侧间隔分布，以建立通视情况良好的导线控制网。放样时每点至少有两个控制点做后视，以便校核。

（2）定期对导线控制网进行闭合校验，保证各点位于同一系统。随着施工的进展，每个月至少复测一次，以求控制网达到精度要求。

### (三) 平面轴线测量

（1）按图纸中结构不同的施工部位，分别制定不同的测量方法，以满足精度要求和施工进度要求。

（2）桩基础施工时所需要的轴线，采用极坐标法进行放样，用全站仪直接放出桥墩中心点。然后将仪器架至桥墩中心点，后视控制点，定出切线，再转 90° 定出法线桩。如果一次无法投测到位，可以在附近适当位置临时转点，但转点次数尽量控制一次。

（3）桩施工结束，采取同样方法确定承台位置。

（4）承台浇筑完毕后，所需要的轴线采取后方交会，定出偏移轴线，测站为承台上的任意点，根据该点坐标值计算出到中心点角度和距离，以极坐标法定出其他轴线。

(5)箱梁施工阶段轴线放样：

①箱梁底腹板轴线控制。在墩身施工完，而支架尚未搭设之时，对墩身顶进行中心点投测，并做好标志，为下一道工序做好准备。

在底模铺设和支架预压完毕，而墩顶尚未掩盖时，以上述放样好的中心点为测站，以另一桥墩中心点后视，后视尽可能远，定出箱梁底模上的侧模边线。

侧模的投测方法可采用支距法或坐标法。

投测完毕后，用钢卷尺校验底模两侧相对应的点之间的距离。该距离为理论的计算长度。

②箱梁翼缘轴线的控制。此部分要控制的是桥面结构最外端的侧模轴线。由于箱梁翼缘与水平面存在一个角度，且全部朝向中心线倾斜。因此，仍然采用桥墩中心点对其进行控制。

③箱梁桥面轴线控制。桥面轴线的放样主要包括桥梁纵向轴线及部分横桥向轴线，尽量利用周围建筑物顶向桥面进行放样。若无法从周围建筑物顶向桥面放样，则采用自地面基准点，使用全站仪向桥面引入转站。

以桥面上的转站为测站，后视地面控制点，进行桥面轴线的放样，定护栏的线形。

**(四) 高程控制测量**

1.施工高程控制网的建立

(1)根据业主提供的等级水准点，用精密水准仪进行引测，布置在施工区域附近。为保证施工期间高程点的稳定性，点位设置在受施工环境影响小，且不易遭破坏的地方。

(2)考虑季节的变化和环境的影响，定期对水准点进行复测。

2.箱梁以下部分的测量

(1)箱梁以下部分主要包括承台高程控制、墩身高程控制等。

(2)各部分的标高均直接采用高程控制网中的点位引测到施工部位，并按规定误差范围进行精度控制。

3. 箱梁以上部位的高程测量

（1）箱梁以上部分主要包括箱梁底板高程控制、翼缘高程控制、桥面高程控制等。

（2）箱梁底板部分的高程放样直接使用控制网中的点位，引测至梁两端的墩身上。使用模线连接两端标高，从而为底模的高程建立控制线。

（3）翼缘部分存在一个倾斜的底面，该部分采用控制网中的点，引测至桥跨两上端面翼缘的下方。由于翼缘底是倾斜的，所以建立高低两个控制标高。将两端标高点联系起来，便形成了翼缘底模的高程控制线。

（4）桥面系施工阶段，箱梁混凝土面已经达到设计强度。因此，只要将高程从地面高程控制点引至桥面进行施工控制即可。

## （五）测量技术保证措施

（1）经纬仪工作状态应满足竖盘垂直、水平度盘水平；目镜上下转动时，视准轴形成的视准面必须是一个竖直平面。

（2）水准仪工作状态应满足水准管轴平行于视准轴。

（3）用钢尺工作应进行钢尺鉴定误差、温度测定误差的修正，并消除定线误差、钢尺倾斜误差、拉力不均匀误差、钢尺对准误差、读数误差等，采取多次往返测量。

（4）所有测量计算值均应立表，并应有计算人、复核人签字。

（5）使用全站仪应进行加常数、乘常数、温差修改值的修正。

（6）在仪器操作上，测站与后视方向应用控制网点，避免转站而造成积累误差。所有仪器操作均要进行换手复测。

（7）在定点测量时应避免垂直角大于45°。

（8）对易产生位移的控制点，使用前应进行校核。

（9）每个月必须对控制点进行校核一次，避免因季节变化而引起的误差。雨后，也要及时对地面的控制点进行校核。

（10）严格控制操作规程进行现场的测量定位和放样。

## 二、施工技术

### (一) 钻孔打桩施工

1. 施工准备

施工前期应先平整好施工场地，做好准备工作，以便让钻机安装和就位更加方便；施工技术人员在泥浆池及沉淀池布设时需要根据设计图纸进行，并综合考虑各种因素的影响，为工程最终顺利进行提供必要条件。

2. 护筒制作及埋设

在进行护筒制作时，要合理确定护筒的制作材料厚度等，焊接应达到牢固且不漏水，并在护筒顶留出浆口的位置。进行护筒挖孔埋设时，要保证开挖的直径大于护筒直径，坑底夯平后，再进行护筒埋设，四周的回填土要分层对称夯实。

3. 泥浆循环

根据工程的实际情况选择合适的钻进方式，采用反循环钻进成孔，在钻机附近设置泥浆池，泥浆经过滤、沉淀后用泥浆泵将泥浆抽回桩孔内，保证泥浆循环。

4. 钻孔

钻孔前需控制好设计泥浆指标，钻孔的泥浆必须由良好的黏土和水拌和而成。泥浆比重应达到 1.02 ~ 1.06，黏度为 16 ~ 20Pa·s，新制泥浆含砂率不得超过 4%，泥浆 pH 酸碱度控制在 8 ~ 10。当发现坍孔现象时，应加大泥浆比重。

5. 清孔

原钻孔达到设计要求后需对终孔进行检查，即完成清孔作业，清孔使沉淀层减薄，提高了孔底的承载力，保证了灌注混凝土的质量，成孔后按每钻进 4 ~ 6m 进行检孔作业，通过易缩孔土层要及时更换钻头。

6. 钢筋笼制作及吊装

钢筋笼制作时，根据设计图纸采用卡板成型或箍筋成型。钢筋笼加工好后，使用吊车进行吊装入孔，当钢筋笼分为两节加工，需要两次进行吊装安设作业。钢筋接头焊接时为了使上下钢筋笼轴线在同一垂线上可采用搭接双面焊，达到钢筋笼下端整齐，然后用加强箍筋全部封住，使混凝土导管或吸泥管能顺利升降，防止与钢筋笼卡挂。

7.搭设灌筑支架

灌筑支架为移动支架时，首先把灌筑架拼装好，作业时需移至孔位，以悬挂串筒、漏斗及导管。导管内壁平顺光滑，试用前进行水密承压试验，不得漏水。然后把导管分成若干段起吊入孔，用卡盘固定于护筒筒口，防止接头漏水，导管入孔对准钢筋笼中心，以防卡在钢筋笼上。

## (二) 系梁施工

在进行系梁基坑开挖时，主要以挖掘机开挖为主、人工进行配合，在开挖至基坑地面30cm时，可全部采用人工进行修整，以防超挖；对于开挖较深的基坑时，要编写专项基坑开挖方案，保证基坑开挖顺利进行，机械作业人员要注意对桩头及预留钢筋的保护。桩头清除时一般要保留5cm左右深入系梁或承台，桩身伸入系梁的钢筋按设计规范要求应达到18cm，在进行钢筋笼制作时要充分预留。

钢筋制作应严格按图纸及技术规范进行；每块模板应不小于2m²，模板接缝可用海绵条进行填塞，卡扣连接、钢管支撑，要保证模板的整体性和密封性，确保混凝土的外观质量符合设计规范要求。系梁拆除侧模后，不但要进行养护，而且要对混凝土外观质量进行认真检查，自检合格并征得监理工程师同意后，方可进行两侧对称回填，并进行夯实作业，以利墩台身施工。

## (三) 墩台身施工

为了减少接缝，保证墩台的外观质量，柱式墩身模板采用两半圆组合模板；制作柱模时，为了减少两节之间的错台，可采取在上下两节模板接头处加设法兰的方法，使外加型钢具有足够的强度和刚度；安装模板时应保证竖缝在一条直线上，以增加美观度。

混凝土桥台台身可采用肋板式台身，肋板式台身采用组合钢板，严格按规范施工，混凝土可采用拌和站集中拌和，输送车运送至工地，泵送 (或吊车) 入模的方法进行作业。混凝土灌筑时采用自制多节串筒，以防止混凝土发生离析。

### (四) 盖梁施工

为确保混凝土外观质量和盖梁线型尺寸，根据设计标准，可自行进行模板设计，制作过程应充分考虑与实际工程的相应配套模板；为避免发生接缝处漏浆，模板接缝可采用错台搭接的方法。在墩身预留孔洞采用托架法施工，以有效避免支架下沉引起盖梁变形的问题。钢筋骨架是盖梁的主要承重部分，为保证工程质量，确保各部分尺寸无误，钢筋骨架可现场绑扎、焊接成型、整体吊装，各类钢筋的焊接采用符合规范要求的焊接设备和焊条，以保证强度。

# 第三章　公路桥梁施工技术

## 第一节　桥梁工程的组成

### 一、桥梁的设计

#### (一)桥梁的分类

桥梁有各种不同的分类方式，每一种分类方式均反映出桥梁在某一方面的特征，具体分类方式主要有以下几种。

1. 按桥梁用途

按桥梁用途将其划分为铁路桥、公路桥、公铁两用桥、自行车桥、农桥等。铁路桥活载大，桥宽小，结实耐用且易于修复。公路桥活载相对较轻，桥宽大。

2. 按桥跨结构材料

按桥跨结构所用的材料来划分，桥梁有钢桥、钢筋混凝土桥、预应力混凝土桥、结合桥等。钢桥具有较大的跨越能力，在跨度上一直处于领先地位。钢筋混凝土形成的结合桥主要指钢梁与钢筋混凝土桥面板组合成的梁式桥。

3. 按桥梁平面形状

按桥梁的平面形状划分，桥梁可分为直桥、斜桥、弯桥。实际生活中绝大部分桥梁为直桥(正交桥)，斜桥指的是水流方向同桥的轴线不呈直角相交的桥。

4. 按桥梁全长和跨径

按桥梁全长和跨径的不同，桥梁分为特大桥、大桥、中桥和小桥。

5. 按跨越障碍的性质

按跨越障碍的性质，桥梁可分为跨河桥、跨线桥(立体交叉)、高架桥和栈桥。

6.按上部结构的行车道位置

按上部结构的行车道位置，桥梁可分为上承式桥、下承式桥和中承式桥。

7.按桥梁静力受力体系

按桥梁的静力受力体系桥梁可分为梁式桥、拱桥、悬索桥和钢架桥四种基本体系。除此之外，还包括由基本体系与其他体系或基本构件（塔、柱、斜索等）形成的组合体系桥。以下分别介绍四种基本体系桥。

（1）梁式桥。梁式桥的主要承重构件是梁（板），梁部结构只受弯、剪，不承受轴向力，主要以其抗弯能力来承受荷载。桥梁的整体结构在竖向荷载作用下无水平反力，只承受弯矩，墩台也仅承受竖向压力。梁式桥结构简单，施工方便，对地基承载能力的要求不高，跨越能力有限，常用于跨径在25m以下的桥梁设计中。

（2）拱桥。拱桥的建造经济合理，有很大跨越能力，外形美观大方。拱桥的主要承重结构是拱圈或拱肋，其截面形式可以是实体矩形、肋形、箱形桁架等。拱圈分为无铰拱、两铰拱、三铰拱这三种静力体系。其中，无铰拱又叫固端拱、固定拱，为外部三次超静定结构，就是不设铰，直接将拱圈的两端与桥台相固结以支撑整个桥梁。无铰拱拱内弯矩分布均匀，其附加内力随着拱跨径增大在结构总内力中的比重相对减小，是桥梁中变形最小、结构强度最大的一种。除此之外，由于无铰拱不设置铰，因此，还具有构造简单、施工方便、经济节约等特点，是拱桥中普遍采用的形式。修建无铰拱桥对于地基要求比较严格，桥台位移、温度变化、混凝土收缩等因素都会对拱的受力产生不利影响，因此其需要有非常坚实的地基基础，这也是无铰拱唯一的不足。两铰拱，为外部一次超静定结构，就是在拱圈两端设置可转动的铰支承，其一般在地基条件较差或墩台基础可能发生位移的情况下采用。由于在钢拱桥中设铰比较方便，因此，钢拱桥中大多采用的是两铰拱。世界上比较著名的两铰拱桥有澳大利亚悉尼港拱桥和美国的新河谷拱桥。三铰拱，为外部静定结构，即在拱桥的两个拱脚处和拱顶处各设一铰，造型美观。但其不足之处在于，顶铰构造较为复杂，不利于施工和维护，一般不作为主拱圈，并且铰的设置会大大减小桥梁的整体刚度，使其抗震能力降低，因此现在很少建造三铰拱桥。在建造材料方面，一般拱桥与大跨度拱桥不同，一般拱桥采用的是抗压性能较好的砖、石、混凝土等材料，而大跨度拱桥考虑到桥身是否能承受所发生力矩的问题，则会采用钢材或钢筋混凝土来建造。拱桥按结构形式可分为板拱、肋拱、双曲拱、箱形拱、桁架拱。拱桥为桥梁基本体系之一，是大跨径桥梁的主要形式。

（3）悬索桥。悬索桥主要由索（缆）、塔、锚碇、加劲梁等组成，其主要承受构件是在索塔悬挂并锚固于桥两端的缆索或钢链。悬索一般用抗拉强度高的钢丝、钢缆等钢材制作，主要承受拉力作用，其几何形状一般接近抛物线。在悬索桥中，主缆是结构体系中的主要承重构件，是几何变体，主要承受拉力作用。主塔是悬索桥抵抗竖向荷载的主要承重构件，在恒载作用下，以轴向受压为主；在活载作用下，以压弯为主，呈梁柱构件特征。锚碗是锚固主缆的结构，它将主缆中的拉力传递给地基，通常采用重力式锚和隧道式锚。加劲梁是悬索桥保证车辆行驶、提供结构刚度的二次结构，主要承受弯曲内力。跨度小、活载大，且加劲梁较刚劲的悬索桥，可以视为缆与梁的组合体系。但大跨度悬索桥的主要承重结构为缆，组合体系效应可以忽略。在竖向荷载作用下，其悬索受拉，锚碗处会产生较大向上的竖向反力和水平反力。

（4）钢架桥。钢架桥是介于梁与拱之间的一种结构体系，它是由受弯的上部梁（或板）与承压的下部柱（或墩）整体结合在一起的结构。由于梁与柱是刚性连接，梁因柱的抗弯刚度而得到卸载作用，整个体系是压弯结构，也就是有推力的结构。钢架分直腿钢架与斜腿钢架两种。钢架桥施工较复杂，一般用于跨径不大的城市桥或公路高架桥和立交桥。

## （二）设计阶段

桥梁设计一般分成三个阶段：初步设计、技术设计和施工样图。其中初步设计的内容和目的是根据调查、勘测所得的资料，拟出几种不同的桥梁，从经济、技术、美观等方面加以比较，然后选出最合理的方案。而技术设计则是根据初步设计限定的方案，确定和计算桥梁各部分的尺寸与构造、施工方法、工程数量及桥梁造价等。施工样图是根据技术设计制定的，以供桥梁建筑施工现场之用。

## 二、桥梁施工

### (一) 桥梁施工环节

桥梁施工涉及范围广、专业技术性强，是桥梁工程中决定桥梁质量的重要环节。在这一环节中，主要包括以下几方面。

(1) 施工方法选择。

(2) 施工演算。

(3) 施工机具设备选择和设计制作。

(4) 相关计划及安排。

(5) 施工生产过程。

(6) 安全管理。

### (二) 桥梁施工技术

桥梁施工技术就是指桥梁的建造方法，其主要内容包括施工方案选择和技术方案实施两方面，其施工人员必须具备较高的专业素质。在桥梁施工方案选择上，需要考虑多种因素，如施工和造价，施工队伍的素质、设备和机具，施工现场等。在技术方案实施上，需要采取多方面的技术措施，如模板、混凝土供应、施工机具、吊装等，以保证施工技术方案顺利实施。

### (三) 施工准备工作

1. 必要性

准备工作是一项工程施工前的必要步骤和进程，只有做好准备工作，将施工中必要的技术和物质条件进行合理统筹规划，才能在施工过程中更好地完成施工任务，使施工速度和施工质量得到最大提高和保证，为企业赢得最佳经济效益。

2. 内容

(1) 人员准备。在施工前，施工单位必须具备一定数量的在不同岗位上执行工作任务的施工人员。工作开始前，有关单位还要对施工人员进行上岗前的培训，避免工作中出现差错。

（2）技术准备。技术准备是施工准备工作中重要的工作之一，工程中出现的损失有绝大部分是因为技术准备没有到位而造成的，因此施工单位必须对技术准备工作高度重视，保证万无一失。

（3）管理制度准备。一切施工工作都必须有制度体系保障，这是避免出现纠纷和解决纠纷最直接的方法。

（4）物资准备。例如，建立工地实验室、配备足够的机械设备和生产工具、施工场地布置等。

### 三、桥梁的养护

桥梁养护的目的是确保桥梁及其附属设施处于良好的技术状态，保证其使用的舒适性和安全性。桥梁养护是属于保护性的，预防性养护应是桥梁养护管理的重要宗旨。养护应贯穿于桥梁的整个使用周期，日常养护能够及时发现桥梁的潜在病害，以使有关部门根据情况积极采取措施以减缓病害发展，延长桥梁使用寿命。

桥梁养护管理的基本内容包括基本信息管理、检测评估管理和养护维修管理。其中，基本信息管理要求工作人员收集、存储桥梁建设及使用期的各种决策设计和施工及竣工文件，相关信息记录应尽可能完整。这些信息对于掌握桥梁的历史、现状极其重要，是第一手资料。检测评估管理是桥梁管理的重要一环，其工作通常由具有一定经验或资质的桥梁工程技术人员，根据相关规范要求，对桥梁进行结构状态及性能参数检测，并通过计算分析，综合评定桥梁的技术状态，为桥梁养护、维修、加固提供依据。养护维修管理主要是指为改善桥梁的技术状态而对桥梁采取的工程措施，按照损坏程度和工程规模大小可将其分为养护、维修、加固及重建。

### 四、桥梁的检定

桥梁的检定即桥梁检查与检测，就是对桥梁主体结构及其附属构造物技术状况进行的全面检查。检查不仅可以及时掌握在役桥梁的技术状态，为桥梁的使用及维修加固提供必要依据，还可通过收集的各项数据为桥梁管理技术水平提高提供数据素材，更好地提高桥梁管理养护技术水平。

桥梁检定是评定桥梁施工质量的重要措施，是确定工程可靠性和安全性的必要步骤。人们通过对现有桥梁进行检查，可以为桥梁工程管理工作提供安全数据，为以后新型桥梁设计和施工提供一定的经验和基础，改进和完善其结构设计及结构形式。

## 第二节 桥梁下部施工技术

### 一、桥梁墩台施工技术

桥梁墩台施工是桥梁工程施工中的一个重要组成部分，其施工质量的优劣，不仅关系到桥梁上部结构的制作与安装质量，而且对桥梁的使用功能也有重大影响。因此，墩台的位置、尺寸和材料强度等都必须符合设计规范要求。在施工过程中，首先应准确地测定墩台位置，正确地进行模板制作与安装，同时采用经过规范检验的合格建筑材料，严格执行施工规范的规定，以确保施工质量。

桥梁墩台施工方法通常分为两大类：一类是现场就地浇筑与砌筑；另一类是拼装预制的混凝土砌块、钢筋混凝土或预应力混凝土构件。

多数工程是采用现场就地浇筑与砌筑，优点是工序简便，机具较少，技术操作难度较小；但是施工期限较长，需耗费较多的劳力与物力。近年来，交通建设迅速发展，施工机械（起重机械、混凝土泵送机械及运输机械）也随之有了很大进步，采用预制装配构件建造桥梁墩台的施工方法有新的进展，其特点是既可确保施工质量、减轻工人劳动强度，又可加快工程进度、提高工程效益，对施工场地狭窄，尤其对缺少沙石地区或干旱缺水地区等建造墩台有着重要意义。

### (一) 钢筋混凝土墩台施工

桥梁墩台具有垂直高度较大、平面尺寸相对较小的特点，其混凝土浇筑方法有别于梁或承台等构件的混凝土浇筑方法。墩台混凝土运输方式不仅有水平运输，而且有难度较大的垂直运输。

通常采用的混凝土运输方法：利用卷扬机和升降电梯平台运送混凝土手推车；利用塔式起重机吊斗输送混凝土；利用混凝土输送泵将混凝土送至

高空建筑点等。

　　混凝土在运输过程中应有足够的初凝时间，保证混凝土的浇筑质量。混凝土的拌和、运输及浇筑速度应大于墩台混凝土浇筑体积与配制混凝土的初凝时间之比。

　　对于泵送混凝土，应防止堵管现象的发生。在进行大体积墩台混凝土浇筑时应分层分块浇筑。同时，应控制混凝土的水化热。一般情况下，其应符合相关桥涵施工质量标准的要求。当平截面面积过大、次层混凝土不能在前层混凝土初凝或被重塑前浇筑完成时，可进行分块浇筑，分块浇筑时应符合下列规定。

　　分块时宜合理布置，各分块平截面面积应小于50m²；每块的高度不宜超过2m；块与块之间的水平接缝面应与基础平截面的短边平行，且与截面边界垂直；上、下邻层混凝土间的竖向接缝应错开位置做企口，并按施工缝处理。

　　大体积混凝土应参照下述方法控制混凝土的水化热温度：用改善骨料级配，降低水灰比，掺加混合料、外加剂、片石等方法来减少水泥用量；采用水化热低的大坝水泥、矿渣水泥、粉煤灰水泥或低强度等级水泥；减小浇筑层厚度，以加快混凝土的散热速度；混凝土用料应避免日光暴晒，以降低初始温度；在混凝土内埋设冷却管通水冷却。

### (二) 砌筑墩台施工

#### 1. 放样
　　墩、台混凝土浇筑或砌石砌至离墩、台帽下缘300~500mm高度时，即需测出墩、台帽纵横中心轴线，并开始竖立墩、台帽模板，安装锚栓孔或预埋支座垫板，绑扎钢筋等；桥台台帽放样时，应注意不要以基础中心线作为台帽背墙线；模板立好后，在浇筑混凝土前应再次复核，以确保墩、台帽中心，支座垫石等位置、方向和高程不出差错。

#### 2. 墩、台帽模板安装
　　墩、台帽系支承上部结构的重要组成部分，其位置、尺寸和高程的准确度要求较严，墩、台身混凝土浇筑至墩、台帽下300~500mm处就应停止浇筑，以上部分待墩、台帽模板立好后一次浇筑，以保证墩、台帽底有足够厚的紧密混凝土。

3. 钢筋和支座垫板的安设

墩、台帽钢筋绑扎应遵照有关钢筋工程的规定。墩、台帽上支座垫板的安设一般采用预埋支座垫板和预留锚栓孔的方法。前者需在绑扎墩台帽和支座垫石钢筋时，将焊有锚固钢筋的钢垫板安设在支座的准确位置上，即将锚固钢筋和墩、台帽骨架钢筋焊接固定。同时，用木架将钢垫板固定在墩、台帽模板上。此法在施工时垫板位置不易准确，应经常校正。后者需在安装墩台帽模板时，安装好预留孔模板，在绑扎钢筋时注意将锚栓孔位置留出，安装支座施工方便，支座垫板位置准确。

### (三) 装配式墩台施工

装配式墩台是将高大的墩台沿垂直方向和水平方向按一定模数分成若干构件，在桥址附近的预制场地上进行浇筑，然后运到现场，进行拼装。目前采用的装配式墩台主要有砌块式、柱式、环管式等。装配式墩台的特点：结构形式轻便，施工速度快，圬工用量省以及预制构件质量有保证等；但相对来说对运输、起重机械设备要求较高。

1. 砌块式墩台施工

砌块式墩台的施工与石砌墩台大体相同，只是预制砌块的形式因墩台形状不同而有很多变化。用于砌体工程的混凝土预制块，其规格、形状和尺寸应统一，并且其表面应平整，强度应符合设计要求。例如，1975年建成的兰溪大桥，主桥墩身是采用预制的素混凝土壳块分层砌筑而成。壳块按平面形状分为Ⅰ型和Ⅱ型两大类，按砌筑位置和具体尺寸又分为5种型号，每种块件等高，均为35cm，块件单元重0.9~1.2kN，每砌三层为一段落。该桥采用预制砌块建造桥墩，不仅节约混凝土26%、木材50m²和大量铁件，而且砌缝整齐，外貌美观，更主要的是加快了施工速度，避免了洪水对施工的威胁。

2. 柱式墩台施工

装配式柱式墩是将桥墩分解成若干轻型部件，在工厂或预制场地集中进行预制，然后再运送到现场装配成桥墩。其形式有双柱式、排架式和钢架式等。装配式柱式墩的施工工序为构件预制、运输安装、构件连接、混凝土填缝及养护等。其中拼装接头是关键的施工工序，既要牢固、安全，又要结构简单、便于施工。

常用的拼装接头有如下几种。

（1）承插式接头。将预制构件插入相应的预留孔内，插入长度一般为1.2～1.5倍的构件宽度，并在底部铺设2cm砂浆，在四周用半干硬性混凝土填充。这种接头常用于立柱与基础的接头连接。

（2）钢筋锚固接头。在构件上预留钢筋或型钢，插入另一构件的预留槽内，或者将钢筋互相焊接，再灌注半干硬性混凝土。这种接头多用于立柱与顶帽处的连接。

（3）焊接接头。将预埋在构件中的铁件与另一构件的预埋铁件焊接，再外包混凝土。这种接头方便误差的调整，多用于水平连接杆与主柱的连接。

（4）扣环式接头。相互连接的构件按预定位置预埋环式钢筋，安装时柱脚先坐落在承台的柱芯上，上下环式钢筋互相错接，扣环间插入U形短钢筋焊牢，四周再绑扎一圈钢筋，最后立模浇筑外围接头混凝土。这种接头要求上下扣环预埋位置正确，施工较为复杂。

（5）法兰盘接头。这种接头是在相连接构件的两端安装法兰盘，连接时用法兰盘连接，要求法兰盘预埋位置必须与构件垂直。接头处可不用混凝土封闭。

装配式柱式墩台的安装施工应符合下列规定。

①墩台柱构件与基础顶面预留的槽口编号应对应，并应检查墩台预制构件的尺寸和基础预留槽口的顶面高程是否符合设计要求，基座槽口四周与柱边的空隙不得小于20mm。经检验合格后方可进行预制构件的安装施工。

②墩台柱吊入基座槽口就位时，应在纵横方向进行测量，使柱身竖直度以及平面位置均符合设计要求，然后再将楔子塞入槽口打紧。对自重大、长细比较大的墩台柱，需用风缆或撑木固定好后，方可摘除吊钩。

③在墩台柱顶安装盖梁前，应先检查盖梁口预留槽眼位置是否符合设计要求，否则应先进行修凿。

④柱身与盖梁（顶帽）安装完毕并检查符合要求后，可在基槽空隙与盖梁槽眼处灌注稀砂浆或现浇混凝土，待其硬化后，撤除楔子、支撑或风缆，再在空隙部位灌填砂浆或混凝土。槽口内砂浆或混凝土的施工应符合设计规定。

3. 后张法预应力混凝土装配式桥墩施工

随着预应力技术在桥梁工程中的广泛应用，预应力也开始应用于墩台上，特别是后张法预应力混凝土装配式墩台。预应力装配式墩台的施工方法与装配式柱式墩台施工方法相似，除了安装时的连接接头处理技术外，节段预制构件之间的连接方式主要依赖于预应力钢束。

后张法预应力混凝土装配式墩台采用的预应力钢材主要有冷拉Ⅳ级粗钢筋、高强钢丝和钢绞线。高强度低松弛钢丝强度高、张拉力大、预应力束数较少，而且施工时穿束较容易，但在预应力钢束连接处受预应力钢束连接器的影响，需要局部加大构件壁厚。冷拉Ⅳ级粗钢筋则要求混凝土预制构件中的预留孔道位置及尺寸精度应比较高，以利冷拉Ⅳ级粗钢筋连接。

后张法预应力钢筋混凝土装配式墩台的预应力张拉位置有两种。一种是张拉位置设置在墩帽顶；另一种是张拉位置设置在墩台底的实体部位。一般采用的是墩帽顶上张拉。两种位置张拉的主要特点分别是：

(1) 在墩帽顶上张拉预应力钢束：

①张拉操作处于高空作业，张拉操作虽然方便，但安全性较差；

②预应力钢束锚固端可以直接埋入承台，不需要设置过渡段；

③在墩底截面受力的最大位置可以发挥预应力钢束抗弯能力强的特点。

(2) 在墩台底的实体部位张拉预应力钢束：

①张拉操作均为地面作业，安全方便。

②在墩底处需要设置过渡段，既要满足预应力钢束张拉千斤顶安放要求，又要布置较多的受力钢筋，满足截面在运营阶段的受力要求。

③过渡段构件中预应力钢束的张拉位置与竖向受力钢筋之间的相互关系较为复杂。桥墩的预应力钢束张拉要求和预应力管道内压浆要求与预应力混凝土梁的要求一致，此处不再重复。桥墩压浆最好采用由下而上的压注方法；构件装配的水平拼装缝可采用环氧树脂或强度较高的水泥砂浆，砂浆厚度为15mm，这样一方面可以起调节作用，另一方面可避免因渗水影响预制构件的连接质量。

## 二、桥梁基础施工技术

桥梁上部承受的各种荷载，通过桥台或桥墩传至基础，再由基础传至地基。基础是桥梁下部结构的重要组成部分，因此基础工程在桥梁结构物的设计与施工中，占有极为重要的地位，它对结构物的安全使用和工程造价有很大的影响。

## （一）桥梁浅基础施工

### 1. 基坑定位放样

在桥梁施工过程中，首先要建立施工控制网，其次进行桥梁轴线标定和墩台中心定位，最后进行墩台施工放样，定出基础和基坑的各部分尺寸。桥梁的施工控制网除了用来测定桥梁长度外，还要用于各个位置控制，保证上部结构的正确连接。

施工控制网常用三角控制网，其布设应根据总平面图设计和施工地区的地形条件来确定，并作为整个工程施工设计的一部分。布网时要考虑施工程序、方法以及施工场地的布置情况，可以用桥址地形图拟订布网方案。

桥梁轴线的位置是在桥梁勘测设计中根据路线的总走向、地形、地质、河床情况等选定的，在施工时必须现场恢复桥梁轴线位置，并进行墩台中心定位工作。中小桥梁一般采用直接丈量法标定桥轴线长度并定出墩台的中心位置，有条件的可以用测距仪或全站仪直接确定。

施工放样贯穿于整个施工过程，是保证质量的一个方面。施工放样的目的是将设计图上的结构物位置、形状、大小和高低在实地标定出来，作为施工的依据。

### 2. 陆上基坑开挖

（1）浅基坑无水开挖。浅基坑无水开挖指的是在陆地深水位地层中的开挖工作。由于这种类型的基坑很浅，而水位又很深，因此，整个开挖过程都是在无水或者渗水很小的情况下进行的。基坑壁的稳定性不会受到滴水的影响，开挖工作可以比较简单地进行。坑壁形态可根据土质情况灵活选择，可选择竖直状、斜坡状、阶梯状。

（2）深基坑无水开挖。深基坑无水开挖是指开挖较深的基坑，但地下水依旧位于基坑地面以下，坑内有较少的渗水，一般情况下只需在坑底设置几个集水坑进行抽水即可。少量的渗水不会影响基坑壁的稳定性。

（3）浅基坑渗水开挖。如果桥梁施工位置的地下水位很浅，会出现严重渗水甚至涌水的情况。在这样的状态下，如果不消除水的影响，那么后续的工作将无法正常开展。

目前使用较多的排水方法主要有以下三种：降水井抽水排水法、钢板桩围堰封闭排水法、地下连续墙封闭排水法。其中，降水井抽水排水法适用于陆地高水位环境；钢板桩围堰封闭排水法既适用于水中基坑开挖，又适用于陆地高水位环境；地下连续墙封闭排水法适用于陆地高水位环境。在水中环境和陆地高水位环境中，采用集水坑抽水排水的方法是难以奏效的。

（4）深基坑渗水开挖。在水中开挖深基坑是浅基础施工中难度最大的。根据长期的工程实践经验，利用钢板桩围堰封闭开挖空间，使之与外围水源隔绝，在无渗水、无坑壁坍塌的环境中进行水中深基坑的开挖是值得推荐的方法。

3. 水中基坑开挖

桥梁墩台基础大多位于地表水位以下，有时水流还比较大，施工时都希望在无水或静止水条件下进行。桥梁水中基坑开挖最常用的施工方法是围堰法。

围堰的作用主要是防水和围水，有时还起着支撑施工平台和基坑坑壁的作用。围堰的结构形式和材料要根据水深、流速、地质情况、基础形式以及通航要求等条件进行选择。

4. 地基处理

（1）多年冻土地基的处理。基础不应置于季节冻融土层上，并不得直接与冻土接触；基础的基底修筑于多年冻土层（永冻土）上时，基底之上应设置隔温层或保温层材料，且铺筑宽度应在基础外缘加宽1m。

按保持冻结原则设计的明挖基础，其多年平均地温等于或高于3℃时，应于冬期施工；多年平均地温低于−3℃时，可在避开高温季节的其他季节施工。

施工前做好充分准备，组织快速施工。做好的基础应立即回填封闭，不宜间歇。必须间歇时，应以草袋、棉絮等加以覆盖，防止热量侵入。施工过程中，严禁地表水流入基坑。明水应在距坑顶10m之外修排水沟。水沟的水，应远离坑顶排放并及时排出融化水。施工时，必须搭设遮阳棚和防雨篷，并及时排除季节冻层内的地下水和冻土本身的融化水。

（2）岩层基底的处理。风化的岩层，应挖至满足地基承载力要求或其他方面的要求为止；在未风化的岩层上修建基础前，应先将淤泥、苔藓、松动的石块清除干净，并洗净岩石；坚硬的倾斜岩层，应将岩层面凿平；倾斜度较大、无法凿平时，则应凿成多级台阶，台阶的宽度宜不小于 0.3m。

（3）溶洞地基的处理。影响基底稳定的溶洞，不得堵塞溶洞水路；干溶洞可用沙砾石、碎石、干砌或浆砌片石及灰土等回填密实；基底干溶洞较大、回填处理有困难时，可采用桩基处理，桩基应进行设计，并经有关单位批准。

（4）泉眼地基的处理。可将有螺口的钢管紧紧打入泉眼，盖上螺帽并拧紧，阻止泉水流出，或向泉眼内压注速凝的水泥砂浆，再打入木塞堵眼。堵眼有困难时，可采用管子塞入泉眼，将水引流至集水坑排出或在基底下设盲沟引流至集水坑排出，待基础圩工完成后，向盲沟压注水泥浆堵塞。采用引流排水时，应注意防止沙土流失，引起基底沉陷。

5. 基坑施工过程中的注意要点

在基坑顶缘四周适当距离处设置截水沟，防止水沟渗水，避免地表水冲刷坑壁，影响坑壁稳定性；坑壁边缘应留有护道，静荷载距坑边缘应不小于 0.5m，动荷载距坑边缘应不小于 1.0m，垂直坑壁边缘的护道还应适当增宽，水文地质条件欠佳时应有加固措施。

应经常注意观察坑边缘顶面土有无裂缝，坑壁有无松散塌落现象发生；基坑施工延续时间不可过长，自开挖至基础完成，应抓紧时间连续施工。

## （二）桩基础施工

### 1. 沉入桩基础施工

当地基浅层土质较差，持力土层埋藏较深，需要采用深基础才能满足结构物对地基强度变形和稳定性要求时，可用桩基础。桩基础是常用的桥梁基础类型之一，应用锤击沉柱、振动沉桩、射水沉桩、静力压桩等施工方法的称为沉入桩。

基桩按材料分为木柱、钢筋混凝土桩、预应力混凝土柱与钢桩，桥梁基础应用较多的是中间两种。

（1）沉入桩基础施工准备工作。沉桩前应掌握工程地质钻探资料、水文资料和打桩资料；沉桩前必须处理地上（下）障碍物，平整场地，且应满足沉桩所需的地面承载力；应根据现场环境状况采取降噪声措施；城区、居民区等人员密集的场所不应进行沉桩施工。

（2）锤击沉桩法。锤击沉柱一般适用于中密沙类土、黏性土。由于锤击沉柱依靠桩锤的冲击能量将桩打入土中，对沉桩设备要求较高，因此，一般桩径不能太大（不大于0.6m），入土深度在40m左右。沉桩设备是桩基施工成败的关键，应根据土质，工程量，桩的种类、规格、尺寸，施工期限，现场水电供应等条件选择。

（3）振动沉桩法。振动沉桩法是用振动打桩机（振动桩锤）将桩打入土中的施工方法。其原理：振动打桩机使桩产生上下方向的振动，在清除桩与周围土层间摩擦力的同时，松动桩尖地基，从而使柱贯入或拔出。振动沉桩法一般适用于沙土、硬塑及软塑的黏性土和中密及较软的碎石土。

（4）射水沉桩法。射水施工方法的选择应视土质情况而定，在沙夹卵石层或坚硬土层中，一般以射水为主，锤击或振动为辅；在亚黏土或黏土中，为避免降低承载力，一般以锤击或振动为主，以射水为辅，并应适当控制射水时间和水量；下沉空心桩，一般用单管内射水。当下沉较深或土层较密时，可用锤击或振动，配合射水；下沉实心桩，将射水管对称地装在桩的两侧，并沿着桩身上下自由移动，以便在任何高度上射水冲土。不论采取何种射水施工方法，在沉入最后阶段至设计标高1~1.5m时，应停止射水，单用锤击或振动沉入设计深度。

（5）静力压桩法。静力压桩适用于高压缩性黏土或沙性较轻的软黏土地基。选用压桩设备的设计承载力宜大于压桩阻力的40%；压桩前检查各种设备，使压桩工作不至于间断；用2台卷扬机同时启动，放下压梁时，必须使其同步运行；压柱尽量避免中途停歇；当桩尖标高接近设计标高时应严格控制进程；遇到特殊情况，应暂停施压。

2. 钻孔灌注桩施工

钻孔灌注桩桩长可以根据持力土层的起伏面变化，按使用期间可能出现的最不利内力组合配置钢筋。钢筋用量较少，便于施工，且承载能力强，故应用较为普遍。钻孔灌注桩施工的主要工序有埋设护筒，制备泥浆，钻孔，清孔，钢筋骨架的制作、运输及吊装，灌注水下混凝土等。

（1）埋设护筒。护筒能稳定孔壁、防止坍孔，还有隔离地表水、保护孔口地面、固定桩孔位置和起到钻头导向作用。护筒要求坚固耐用，不漏水，其内径应比钻孔直径大（旋转钻约大20cm，潜水钻、冲击或冲抓锥约大40cm），每节长度2～3m。

一般常用钢护筒，在陆上与深水中均能使用，钻孔完成可取出重复使用。在深水中埋设护筒时，应先打入导向架，再用锤击或振动加压沉入护筒。护筒入土深度视土质与流速而定。护筒平面位置的偏差不得大于5cm，倾斜度不得大于1%。

（2）制备泥浆。钻孔泥浆由水、黏土（膨润土）和添加剂组成，具有浮悬钻渣、冷却钻头、润滑钻具，增大静水压力，并在孔壁形成泥皮，隔断孔内外渗流，防止坍孔的作用。通常采用塑性指数大于25、粒径小于0.005mm、颗粒含量大于50%的黏土，通过泥浆搅拌机或人工调和，储存在泥浆池内，再用泥浆泵输入钻孔内。

（3）钻孔。

①正循环回转钻机钻孔。开始钻孔时，应稍提钻杆，在护筒内打浆，开动泥浆泵进行循环，待泥浆均匀后开始钻进；在黏土中宜选用尖底钻头，用中等转速、大泵量、稀泥浆的方法钻进，在沙土或软土层中宜选用平底钻头，用控制进入深度、轻压、低档慢速、大泵量、稠泥浆的方法钻进；在钻孔过程中，钻机的主吊钩应始终吊住钻具，钻机的全部重量不全由孔底承受，这样既可避免钻杆折断，又可保证钻孔质量。

②反循环回转钻机钻孔。反循环程序是泥浆由孔外流入孔内，用真空泵或其他方法（如空气吸泥机等），将钻渣通过钻杆中心从钻杆顶部吸出，或将吸浆泵随钻锥一同钻进，从孔底将钻渣吸出孔外。钻孔过程中，必须连续不断地补充水量或泥浆，保证护筒内水位稳定，维持应有的高度。

③冲击锥钻进成孔。利用钻锥不断地提锥、落锥，反复冲击孔底土层，把土层中的泥沙、石块挤向四壁或打成碎渣，钻渣悬浮于泥浆中，利用掏渣筒取出，重复上述过程冲击钻进成孔。要求钻头应有足够的重量，适当的冲程和冲击频率，以使它有足够的能量将岩石打碎。

④冲抓锥钻进成孔。用兼有冲击和抓土作用的抓土瓣，通过钻架，由带离合器的卷扬机操纵，靠冲锥自重冲下，使抓土瓣锥尖张开插入土层，然

后由带离合器的卷扬机锥头收拢抓土瓣将土抓出，弃土后继续冲抓成孔。钻锥常采用六瓣和四瓣冲抓锥冲抓成孔适用于黏性土、沙性土及夹有碎卵石的沙砾土层，成孔深度宜小于30m。

3. 清孔

钻孔深度达到设计标高后，应对孔深、孔径进行检查，符合要求后方可清孔。清孔方法应根据设计要求、钻孔方法、机具设备条件和地层情况决定。在吊入钢筋骨架后，灌注水下混凝土之前，应再次检查孔内泥浆性能指标和孔底沉淀厚度，如超过规定，应进行第二次清孔，符合要求后方可灌注水下混凝土。

4. 钢筋骨架的制作、运输及吊装

钢筋骨架采用场内支座，长桩骨架宜分段制作，分段长度应根据吊装条件确定，且应确保不变形，接头应错开。应在骨架外侧设置控制保护层厚度的垫块，其间距竖向为2m，横向圆周不得少于4处。骨架顶端应设置吊环，骨架入孔一般用吊机，无吊机时，可采用钻机钻架、灌注塔架。起吊应按骨架长度的编号入孔。钢筋骨架的制作和吊放的允许偏差为主筋间距±10mm、箍筋间距±20mm、骨架外径±10mm、骨架倾斜度±0.5%、骨架保护层厚度±20mm、骨架中心平面位置20mm、骨架顶端高程±20mm、骨架底面高程±50mm。

5. 灌注水下混凝土

灌注水下混凝土时，配备的搅拌机等设备，应能使桩孔在规定时间内灌注完毕。灌注时间不得长于首批混凝土初凝时间。若估计灌注时间长于首批混凝土初凝时间，则应掺入缓凝剂。水下混凝土一般用钢导管灌注，导管内径为200~350mm，视柱径大小而定。导管使用前应进行水密承压和接头抗拉试验，严禁用压气试压。混凝土拌和物运至灌注地点时，应检查其均匀性和坍落度等。如不符合要求，应进行第二次拌和，若仍不符合要求，不得使用。首批灌注混凝土的数量应满足导管首次埋置深度和填充导管底部的需要。首批混凝土拌和物下落后，混凝土应连续灌注。在灌注过程中，导管的埋置深度宜控制在2~6m，在灌注过程中，应经常测探井孔内混凝土面的位置，及时调整导管埋深。为防止钢筋骨架上浮，当灌注的混凝土顶面距钢筋骨架底部1m左右时，应降低混凝土的灌注速度。当混凝土拌和物上升到骨架底口 4m 以上时，提升导管，使其底口高于骨架底部 2m 以上，即可恢复正常灌注速度。在灌注过程中，特别是潮汐地区和有承压水地区，应注意保持孔内水头；在灌注过程中，应将孔内溢出的水或泥浆引流至适当地点处理，不得随意排放，污染环境及河流；灌注中发生故障时，应查明原因，确定合理处理方案，及时处理。

# 第三节　桥梁上部施工技术

桥梁上部结构由 T 型梁、空心板梁、护栏、桥面铺装等组成。

## 一、T 型梁（空心板）预制

梁体预制施工方法：

（1）梁体预制施工顺序：放样→安装底模、一边侧模安装→底板，侧板钢筋安装→预应力管道布设→另一侧模安装→端头封模→安装锚垫板→浇筑混凝土→养生。

（2）梁体底模安装：底座设置成混凝土条形基础，钢板底模，底模与侧模以对拉筋采用帮包底的加固形式连接。

（3）侧模安装：侧模采用工厂定制钢模，侧模安装可先安装固定一边，侧模安装应牢固、顺直，侧模之间接缝应平顺、紧密。侧模与底模之间填塞橡胶止水条，贴靠紧密。

（4）钢筋绑扎焊接：钢筋严格按施工规范制作，各部尺寸满足设计要求，与管道相碰局部钢筋可作挪动。当桥梁上部梁体为连续刚构 T 梁时应注意预埋梁底钢板，并加以固定，确保位置准确。

（5）管道布设：管道布设须严格按设计提供的坐标布设，管道接头应连接紧密，不得漏浆；管道每隔 50cm 用定位筋与梁体钢筋焊接固定。同时，应注意梁面负弯矩管道预埋和预留孔口、外管口，孔口应加以临时封锚，以防堵塞管口和孔口。

（6）锚垫板安装：锚垫板应与端模固定牢固，锚垫板与管道出口保证垂直。

（7）混凝土浇筑：混凝土浇筑形式采用设置于场内的拌和站生产混凝土，用小型机动车运输，吊车起吊倒料浇筑方式。混凝土浇筑采用梯形连续推进。振捣由附着在侧模上的附着式振捣器配合插入式振捣器振捣。混凝土要求搅拌均匀，和易性良好。

（8）养生：采用湿润法养生。

（9）预应力张拉，压浆。

按设计要求 T 梁（空心板）预制强度达到 100% 后，方可进行张拉、压浆，施工顺序为清管道→穿束→张拉→锚固→压浆→封锚。

①清管道：穿束前用高压水枪清洗管道，确保管道畅通。

②穿束：选用钢绞线，按设计要求进行下料，下料机具采用切割机。穿束时束头用胶布紧箍，人工推进。

③张拉：穿束后安装锚具及千斤顶，采用千斤顶及其配套的张拉设备和锚具。张拉设备应经过计量部门校正、标定，各束张拉顺序依设计编号进行，张拉采用两头对称同时进行。以应力应变双控并以应力为主，延伸值控制在 6% 的误差范围内。

④孔道压浆：将水泥拌制均匀，水灰比控制在 0.4 ~ 0.45，用压浆机从梁体一端向另一端连续进行，直至出浆嘴流出的水泥浆与原浆相同为止，并迅速将进浆口和排气孔全部堵紧。

## 二、桥梁安装

采用架桥机安装，具体安装方法如下。

（1）架桥机拼装：架桥机采用定点厂家生产成套架桥设备，运至现场拼装。拼装好后，对架桥机械性能进行试运转，认真检查架桥机、钢丝绳、卷扬机、轨道、平车、电源等是否存在隐患，并及时予以更换或加强。

（2）运输轨道铺设：轨道枕木布设两轨水平，支垫紧密。轨与轨接头平顺。

（3）T 梁出坑、运输：T 梁由跨墩龙门架出坑，安放在运输轨道平车上，安放时用木支撑或法兰螺丝紧紧对称地固定在平车架上，由运输平车运输至架桥机下方起吊位置。运输过程中，随时观察支撑是否松动，轨道是否变形。

（4）T梁安装：T梁安装顺序为，先安装左半幅左边梁及相邻一根中梁或右半幅右边梁及相邻一根中梁，然后按顺序逐根安装其余中梁与左半幅右边梁或右半幅左边梁。左半幅左边梁与右半幅右边梁安装由架桥机起吊前移，直接就位落梁安装。T梁安装在墩顶先设临时支座，待T梁连续构造施工完成后，再转换为永久支座。

（5）一孔安装完毕后，接长运输轨道，架桥机轨道，架桥机前移就位，再按以上方法继续逐孔安装。架桥机前移时，保证各部位之间连接牢固，结构稳定。

（6）T梁翼板接缝现浇：翼板湿接缝，采用吊模固定现浇施工方法。施工时严格按设计要求与施工技术规范执行，做到各部尺寸，位置准确，接缝平顺流畅，表面平整。

### 三、墩顶连续现浇段施工

当桥梁上部为连续T梁，在安装完成2孔时，按设计要求，施工墩顶连续构造。首先，采用高强螺栓在T梁两端横隔板进行连接，并用配套螺栓锁紧。将梁体端部、横隔板侧面拉毛并清洗干净，连接梁端伸出钢筋及横隔板钢筋，布置墩顶部位的负弯矩区预应力钢束。安装墩顶现浇连续段模板，安放永久支座，并布置连续段钢筋及桥面板钢筋，然后逐孔浇筑现浇桥面混凝土，混凝土浇筑完毕后，进行养生，穿预应力钢束。与相邻跨连续的预制T梁端部，必须将浮浆、油污清洗干净并凿毛，以保证新老混凝土接合牢固。待一联T梁端接头混凝土强度达到设计强度的90%后，即可张拉负弯矩预应力钢束。钢绞线单根张拉施工方法类同T梁预制。

### 四、连系梁体系转换步骤

当连系梁体系连接段混凝土浇筑及负弯矩预应力钢束张拉封锚完成后，即可进行连系梁体系转换施工。具体施工工艺方法如下。

（1）安放永久支座和临时支座：联端安放永久支座，而不设临时支座。

（2）梁体架设：梁体置于临时支座上呈简支状态，及时进行梁片间横向连接。

（3）中横梁混凝土及桥面板下横梁混凝土现浇：接头连续处预留钢筋，

绑扎横梁钢筋，设置接头波纹管并穿束，浇筑混凝土。

（4）负弯矩区板束张拉：钢束张拉时，自每联两端向中间进行，从外侧向内侧进行。钢束张拉先张拉短钢束，然后张拉长钢束，每束钢束对称单根张拉，钢束采用伸长值与张拉应力双控的超张拉工艺。钢束张拉完成后，进行错固及孔道压注水泥浆。

（5）浇筑桥面湿接缝混凝土，解除临时支座：湿接缝混凝土先浇筑跨中部分 0.6L 段范围内的混凝土，后浇筑剩余部分湿接缝混凝土。最后，解除临时支座，完成体系转换。

# 第四节　涵洞施工技术

## 一、钢筋混凝土框架涵

钢筋混凝土框架涵，施工主要方法为：基坑开挖采用人工配合机械施工，墙身采用 C20 混凝土现场浇筑，模板采用组合钢模，混凝土由拌和站拌和，专用运输车运输。浇筑时采用插入式机械振捣，保证混凝土质量。

### (一) 施工准备

基坑开挖前需进行遮阳准备、排水准备。为防止基坑开挖后受日光的暴晒，须准备充足遮阳棚将基坑盖好，边施工边封闭。排水根据现场情况疏通出入口做排水沟或挡水堰将水沿原沟排走，基坑内排水可通过在基坑四边挖集水沟用水泵将水抽出。施工便道、施工场地布置好并做好充分的施工准备后，才能进行基坑开挖以及基底的处理工作。

### (二) 基坑处理

1. CFG 桩施工

涵洞基地处理方式一般与路基处理相同，如采用 CFG（Cement Flyash Gravel）桩地基加固时，CFG 桩施工与路基 CFG 桩同步进行。施工要点如下：

（1）技术人员测放好基坑开挖线后，按照施工设计图布孔，钻至硬层后对照基底设计标高，除桩头超封 30～50cm 后，预留足够空钻长度，施工时严格按照 CFG 桩的施工工艺进行。

（2）CFG 桩施工完 7d 后，进行基坑开挖、破除桩头、铺设基础垫层等工作，桩头按照设计标高破除后，下部与桩身混凝土连接，整个桩头为倒锥形结构。

（3）CFG 桩扩大桩头施工完成，待桩头混凝土强度达到设计强度后，即可回填碎石垫层，回填宽度为涵身底板尺寸两边各加宽 0.5～1m，褥垫层回填时采用压路机或小型夯实机械夯实，每层夯实并经检测合格后即可进行下一道工序的施工作业。铺设褥垫层填料，为避免碾压时对褥垫层中的土工格栅造成破坏，施工时应增设中粗砂保护层。

（4）基坑开挖利用人工配合挖掘机进行，挖至距设计换填层底标高 20～30cm 后人工清理，采用垂直开挖，避免超挖。每边按涵身底部尺寸加宽 50cm 作为施工空间。开挖时，开挖弃土及时用自卸车运走，严禁在基坑周围存放，更不允许将弃土堆在周围草皮及农田内。同时，现场施工负责人应严格规范施工区域，严禁挖掘机和施工车辆进入施工区以外区域，以免破坏农田及庄稼。

（5）基地褥垫层施工后即可进行涵身进出口，C20 混凝土扩大基础的浇筑作业，浇筑前立好模板，经检查合格后即可进行混凝土的浇筑工作。

2. 测量放线

基坑开挖完成后，按要求利用全站仪进行测量放线。测放出涵身纵横十字线，以便控制涵身基础垫层的铺设范围，同时放好控制桩和护桩，以便控制基础模板的位置。

3. 垫层的设置

出入口基础垫层设置可在人工将标高清到设计标高后，采用小型夯实机械先对基坑底进行夯实，后再分层夯填砂夹碎石垫层，分层厚度 10～15cm，夯至设计标高后整平垫层表面，在报检合格后，即可立模进行出入口基础混凝土的浇筑工作。

涵身垫层采用 C20 混凝土进行铺设，垫层厚度 10cm，在基底褥垫层施工至设计标高后，整平褥垫层顶面，按测放出的涵身十字线立好模板，进行涵身垫层的浇筑施工。

**（三）涵节施工**

在涵节基础混凝土及垫层混凝土养护强度不小于2.5MPa时，再进行测量放线，测放出涵洞纵向中心线、涵身中心里程桩及横向中心线，按照设计尺寸挂好涵身纵向中心线、墙身内外侧钢筋绑扎线，即可依据配套钢筋设计图进行涵身底板钢筋绑扎作业。

涵身底板钢筋绑扎完毕后，经现场技术人员、质检、监理检查合格后，就可进行模板拼装，模板宜采用组合钢模板，采用5cm的砂浆保护层垫块控制混凝土的结构尺寸，以保证涵节形状尺寸、大面、端面平直。模板拼装好后经检查合格，方可进行混凝土的浇筑施工。涵身混凝土的浇筑分两阶段施工：先浇筑涵身底板（浇筑至涵身下倒角顶面处），待底板混凝土强度达到设计强度的50%后，再施工边墙及顶板。

混凝土浇筑时采用集中拌和，混凝土运输车运送至施工现场。浇筑时控制好混凝土的坍落度，混凝土坍落度严格控制在标准坍落度的±15mm范围内，混凝土的倾落高度不能超过2m，且不能将混凝土黏到还没有浇筑的模板板面上，避免造成板面上前期混凝土的凝结，影响混凝土结构物的外观质量。振捣采用插入式振动器，严格控制振捣时间，一般振捣时间不得小于20～30s，以保证混凝土的密实度。

在浇筑混凝土初凝后，将倒角处混凝土表面凿毛。夏季浇筑混凝土施工时，要做好混凝土的养护工作，不能因混凝土内部早期水化热过高，造成混凝土表面开裂，影响混凝土工程的外观质量，洒水次数以混凝土面保持湿润为宜。

涵身施工时，先绑扎涵节两侧墙身钢筋，再进行涵节内膜和墙身内外模的拼装作业，内外侧模板均用钢管支架进行加固，在顶板处设置可调丝油托，以便调整顶板模板的高度及平整度。待墙身和顶板模板按设计及规范要求拼装加固好后，经检查无误，就可进行涵身顶板的绑扎工作。绑扎时按要求调整好各排钢筋的间距，且在钢筋与模板间垫好垫块，以防露筋。

在涵身混凝土浇筑作业中，对作业人员做到明确分工，使之各负其责，以保证混凝土浇筑施工能够顺利进行，确保工程施工质量创优。

### （四）附属工程施工

翼墙、帽石一般采用现浇混凝土施工方法。技术人员测量放样立模控制边线，严格按线立模。模板采用组合钢模和木模配合使用，外露部分用钢模，要求搭配合理，拉杆及支撑紧固，面板顺直，接缝严密，下口加设海绵条，外侧用黏土或砂浆包严以防漏浆。混凝土由中心拌和站拌制，罐车运至工地，插入式振动棒振捣密实。严格控制入模温度和施工配合比，使翼墙内实外美。翼墙沉降缝及防水层施工与涵节处相同。

附属工程包括涵洞出入口铺砌、泄床、锥坡、边坡防护及垂群。涵洞出入口铺砌与路基排水沟，改沟应顺接通畅，排水有出路，做到涵洞内不积水。铺砌均采用 M10 号水泥砂浆浆砌片石，下设厚 10cm 碎石垫层。

### （五）沉降缝及防水层施工

涵身沉降缝嵌塞 2cm 厚的石棉水泥板留作防水之用，施工期间，用电焊将石棉水泥板与涵身钢筋骨架定好位置当作模板使用。沉降缝外侧涂刷聚氨酯防水涂料并粘贴防水卷材，且相邻涵节不均匀沉降差小于 5mm。沉降缝内侧待涵洞施工完成后，再嵌入硫化型橡胶止水条。出入口翼墙与涵身间沉降缝内塞 M20 水泥砂浆 15cm，中间如有空隙可填塞聚丙烯纤维网混凝土。

沉降缝防水层施工完后，经检查合格，即可进行涵洞两侧回填施工，以保证涵节稳定性。在涵洞两侧大于两倍涵洞净宽范围内，涵背回填两侧同时进行。每层厚度不超过 30cm，人工用电夯机夯实。

## 二、盖板涵洞工程

### （一）施工安排

钢筋混凝土盖板涵洞结构，多数涵洞位于填方地段。为了尽快实现路基大面积填筑，必须优先施工涵洞工程。施工初期，先打通至涵洞的施工便道。根据涵洞的分布位置及工程量，组织涵洞施工队。

### (二)盖板涵工程施工方法

1.施工工序

施工放样→基础开挖、夯实基础→地基承载力试验→基础、铺底混凝土、台身片石混凝土→现浇盖板混凝土→帽石混凝土浇筑→板缝处理→砌筑进出水口→台背回填。

2.施工工序说明

(1)施工放样：涵洞测量放样时，注意核对涵洞纵横轴线的地形剖面图是否与设计图相符，涵洞长度、涵底标高的正确性。对斜交涵洞、曲线上的陡坡涵洞，应考虑交角加宽，超高和纵坡对涵洞具体位置、尺寸的影响。遇到与设计图纸不符的，应及时与监理工程师进行沟通，适当调整位置。施工过程中，应经常检查涵洞结构浇砌和安装部分的位置和标高，并做测量记录。

(2)基坑开挖：采取人工配合反铲开挖基坑，若施工机械无法进入涵洞施工现场时，采用人工开挖。基坑大小应满足基础施工的要求，有渗水土质的基坑坑底开挖，根据基坑排水需要及设计所需基坑大小而定。基坑壁坡度，按地质条件、基坑深度和现场的具体情况确定。

(3)基坑验收：基坑开挖并处理完毕，由施工质检人员自检并报请总承包部、监理工程师检验，确认合格后填写地基检验表。未经验收，不得进行下一道工序的施工。

(4)基础、铺底：盖板涵基础、铺底采用C25钢筋混凝土，涵洞地基承载力要符合设计要求。不能满足要求时，按照监理工程师指示进行处理，基础按图纸要求设置沉降缝，采用泡沫板，沉降缝处两端面竖直、平整，上下不得交错，不得接触，在沉降缝处加铺抗拉强度较高的卷材(如油毡)，加铺层数及宽度按图纸所示或监理工程师指示进行。

(5)台身：台身采用C20片石混凝土，台身设置沉降缝与基础一致。基础经验收合格后，方可进行台身片石混凝土施工。墙身模板采用组合钢模板立模，混凝土采用强制搅拌机拌和、人力推送或混凝土运输车运送混凝土，插入式振捣器捣固。

(6)台身及台帽混凝土施工完成后，采用架子管搭设脚手架，架设现浇钢筋混凝土盖板模板，再安装盖板钢筋，验收合格后，浇筑盖板混凝土，浇筑方法与台身相同。

（7）涵洞进出口施工：浆砌用片石采用石方开挖段的合格石料；砂浆可采用砂浆搅拌机拌制，手推车运输。石料在砌筑前浇水充分湿润，表面如有泥土、水锈清洗干净。

涵洞进出口建筑与路基的坡面协调一致。出水口的沟床整理顺直，形成顺畅的水流通道。进出口砌体分层砌筑，砌筑时必须按要求错缝，平顺有致，砂浆饱满，外表平整。砌筑工作中断后恢复砌筑时，已砌筑的砌层表面加以清扫和湿润。

（8）台背回填：当涵洞砌筑及盖板安装完成后，且混凝土强度达到设计标号的70%时，才能进行台背回填。回填时涵洞两侧对称同时填筑，按要求水平分层填筑压实，每层松铺厚度不超过15cm，压实度按照规范的要求执行。填料采用透水性良好的沙砾土或沙质土壤，不得采用含草、腐殖物的土。边角部位压路机无法压实的部位，采用小型压实机械进行压实，强度须达到规范要求。

# 第四章　公路隧道工程施工技术

## 第一节　隧道工程围岩分级和施工方法的选择

### 一、隧道围岩分级

围岩稳定程度与其周围岩体的性质有密切的关系。围岩分级见表4-1所示。

表4-1　隧道围岩分级表

| 围岩级别 | 围岩或土体主要定性特征 | 围岩基本质量指标 |
|---|---|---|
| I | 坚硬岩，岩体完整，巨整体或巨厚层状结构 | >550 |
| II | 坚硬岩，岩体较完整，块状或厚层状结构；较坚硬岩，岩体完整，块状整体结构 | 550～451 |
| III | 坚硬岩，岩体较破碎，巨块（石）碎（石）状镶嵌结构；较坚硬岩或较软硬岩层，岩体较完整块状体或中厚层状结构 | 450～351 |
| IV | 坚硬岩，岩体破碎，碎裂结构；较坚硬岩，岩体较破碎～破碎，镶嵌碎裂结构；较软岩或软硬岩互层，且以软岩为主，岩体较完整～较破碎，中薄层状结构 | 350～251 |
| IV | 土体：①压密或成岩作用的黏土及砂性土；②黄土；③一般钙质、铁质腔结的碎石土、卵石土、大块石土。 | 350～251 |
| V | 较软岩，岩体破碎；软岩，岩体较破碎～破碎；极破碎各类岩体，碎、裂状、松散结构；一般第四系的半干硬至硬塑的黏土及稍湿至潮湿的碎石土，卵石土、圆砾，角砾土及黄土。非黏土呈松散结构，黏土及黄土呈松软结构 | ≤250 |
| VI | 软塑状黏土及潮湿、饱和粉细砂层，软土层 |  |

## 二、施工方法

### (一) 施工方法分类

目前隧道施工方法可分为以下三种。

(1) 山岭隧道施工方法。包括钻爆法，掘进机法。

(2) 浅埋及软土隧道施工方法。包括明挖法、暗挖法、盖挖法、盾构法。

(3) 水底隧道施工方法。包括沉管法、盾构法。

具体每种方法的详细流程和关键技术可参阅相关专著。

### (二) 施工方法选择依据

在选择开挖方法时应对隧道断面大小及形状、围岩的工程地质条件、支护条件、工期要求、工区长度、机械配备能力、经济性能等相关因素进行综合分析，选用恰当的开挖方法，尤其应与支护条件相适应。

## 第二节　隧道工程的超前地质预报

在地质条件复杂的山区建设隧道，隧道周围及工作面前方的工程地质和水文地质情况与隧道施工的质量和安全关系重大。不良地质条件极容易引起隧道塌方、突泥涌水，不仅在技术上给隧道施工带来极大的困难，也常常因突发事故导致人身伤亡、设备损失、工期延误，从而造成巨大的经济损失。由于隧道工程设计的基本依据是地质勘察资料，而隧道施工的依据主要是设计文件，大量的隧道工程建设实践表明，由于地质勘察精度、经费等诸多条件的限制，根据地质勘察资料做出的设计与实际不符的情况屡有发生。因此，必须熟悉各种隧道施工的工程地质预测预报技术，了解各自的特点，才能真正在施工过程中做好"预控"。在隧道施工期间，配备相应的工程地质预测预报仪器设备，采用各种技术、手段和方法对隧道掌子面前方地质条件进行及时准确的预测，可以提前采取预防措施，避免灾害的发生或在一定程度上减少因灾害造成的损失，保证隧道施工的安全。

## 一、地质预报内容

地层岩性是对软弱夹层、破碎地层、煤层及特殊岩土的预测预报。地质构造是对断层、节理密集带、褶皱轴等影响岩体完整性的构造发育情况的预测预报。不良地质是对溶洞、暗河、人为坑洞、放射性物质、有害气体及高地应力等发育情况的预测预报。地下水是对岩溶管道水、富水断层、富水褶皱轴及富水地层等的预测预报。

## 二、常用地质预报方法

过去国内常常采用超前导坑等办法超前探明前方的地质情况，但这种方法往往费用较高。通过最近二十几年的发展，超前地质预报技术已有很大发展，精度也有很大提高。

### (一) 超前导坑法

超前导坑法可分为超前平行导坑和超前正洞导坑。针对特长复杂隧道，平行导坑的布置平行于正洞，断面小而且和正洞之间有一定的距离，对导坑施工过程中遇到的构造、结构面或地下水等情况进行预报。

采用平行导坑预报的优点：平行导坑超前的距离越长，预报越早，施工中就有充分的准备时间，调整施工安排，还可以起到排水、减压放水，改善通风条件和探明地质构造条件等作用。采用超前平行导坑进行预报比较直观，精度高，预报的距离长，便于施工人员安排施工计划和调整施工方案。超前正洞导坑布置在正洞中，其作用与平行导坑相比，效果更好。

但是采用超前导坑法进行预报也有缺陷：一是成本高，二是在构造复杂地区预报准确度不高。

### (二) TSP 法

TSP（tunnel seismic prediction），指隧道地震波预报技术，不是指仪器名称。TSP 是瑞士安伯格（AMBERG）测量技术公司于 20 世纪 90 年代初期开发研制的一套超前预测预报系统设备，也是我国目前应用较为广泛的一种。该设备是采用地震波反射原理，长距离地预测预报隧道工作面前方

100 ~ 150m 的地质特征。

1. TSP 预报特点

TSP 超前地质预报系统是目前地质探测领域先进的科技成果，它具有以下特点。

(1)适用范围广。该系统适用于各种围岩地质条件。它是利用地震波在不均匀地质体中产生的反射波特性来预报隧道工作面前方及周围邻近区域的地质情况。

(2)预报距离长。该系统采用双轴传感器，具有 6 个超灵敏加速度计，能接收到极其微弱的地震波信号。该系统能较准确地预报掘进工作面前方 100 ~ 150m 范围内及隧道周围的地质状况。

(3)对隧道施工干扰小。该系统的接收器和炮眼不是在工作面上，而是在工作面附近的边墙上，钻设接收器孔和炮眼时不影响正常的隧道掘进，只是在接收信号时为减少噪声干扰作短暂停工。一般情况下，对隧道施工影响为 30 ~ 40min。

(4)提交资料及时。该系统设计了一套专用处理软件，将复杂的波形分析转换为直观的、单一解的波形能量分析图。波形能量分析图分析确定之后，得出断层破碎带、软弱夹层或其他不良地质体相对于隧道的空间位置，计算机自动绘出弹性波速度有差异的地质界面相对于隧道轴线的地质平面图和纵断面图，预报资料即可及时完成提交。

而对不规则形态的地质缺陷或与隧洞轴线平行的不良地质体，如几何形状为圆柱体或圆锥体的溶洞，暗河及含水情况探测有一定的局限性。

2. TSP 超前预报工作原理

TSP 超前地质预报系统是利用地震波在不均匀地质体中产生的反射波特性来预报隧道掘进面前方及周围邻近区域地质状况的。它是在掘进面后方墙壁上一定范围内布置一排爆破点，依次进行微弱爆破，产生的地震波信号在隧道周围岩体内传播，当岩石强度发生变化时，如有断层或岩层变化，信号的一部分被返回，返回的信号被经过特殊设计的接收器接收转化成电信号并进行放大。根据信号返回的时间和方向，通过数据处理软件处理就可以得到岩体强度变化界面的位置及方位。界面两侧岩石的强度差别越大，反射回来的信号也就越强。

3.测试方法

TSP 超前地质预报是在洞内掘进工作面附近的边墙上布置接收器孔和爆破孔。一般情况下，布置一个接收器孔和 24 个爆破孔。接收器距掘进工作面约 55m，最后一个爆破孔距掘进工作面约 0.5m。爆破孔间距 1.5m，孔深 1.5m。孔径 19 ~ 45mm，孔口距隧底约 1.0m，向掘进工作面方向倾斜约 10°，向下倾斜 10°~20°；接收器与第一个爆破孔间距 20m，接收器孔深 2.4m，孔径 32 ~ 45mm，孔口距隧底 1.0m，向洞口方向斜约 10°，向下倾斜 10°~20°。为使接收器能与周围岩体很好地耦合以保证采集信号的质量，采集信号前至少 12h 时应将一个保护接收器的接收器套管插入孔内，并用含 2 种特殊成分的不收缩水泥砂浆使其与周围岩体很好地黏结在一起。每爆破孔装药量 10 ~ 40g，根据围岩软硬完整破碎程度与距接收器位置的远近而不同。若地质情况特别复杂，有时需要在隧道另一边墙上也布置一个接收器和 24 个爆破孔，左右边墙所测资料对比分析，得出较为准确的判断结果。

TSP 系列设备只能对隧道围岩进行定性解释，还需要具有丰富地质工作经验的技术人员进行解译才能得到与实际地质情况相符的结果。

4.预报成果

采集的 TSP 数据，通过 TSPwin 软件进行处理。TSPwin 软件处理流程包括 11 个主要步骤。通过 TSPwin 软件处理，可以获得反映隧道工作面前方的 P 波、SH 波、SV 波的时间剖面、深度偏移剖面，提取的反射层、岩石物理力学参数、各反射层能量大小等成果，以及反射层在探测范围内的二维或三维空间分布。结果可以用与隧道轴的交角及隧道工作面的距离来确定反射层所对应的地质界面的空间位置，并根据反射波的组合特征及其动力学特征、岩石物理力学参数等资料来解释地质体的性质（地层的软弱、破碎带、断层、节理裂隙、含水、围岩级别等）。反射面岩性参数包括波速、泊松比、动态杨氏模量等。

TGP 是 Tunnel Geologic Prediction 的缩写，指隧道地质预报技术；TGP12、TGP206 等是应用 TSP 技术的仪器。它的原理同 TSP 一致，是北京市水电物探研究所专门为隧道及地下工程施工超前地质预报研制开发的系统设备。

预报检测时一般距掌子面 10m 左右开始布孔，在隧道左或右壁的同一水平线上从里向外布置 20 个炮孔，炮孔间距 2.0m。炮孔高度 1.2m；然后在炮孔最近距离 20m 处左右两侧洞壁风钻孔中布置预报接收检波器，接收孔距掌子面 70m 左右。检测时应准备 50 ~ 70g 炸约 20 段，电雷管 20 枚，起爆器 1 个，注水胶管 1 条，起爆电缆 50m。

### (三) 深孔钻探法

超前钻孔是采用水平地质钻机完成的，这些钻孔对于进一步探明隧道区域内的地质状况，特别是探测含水构造体或地质异常体，预防隧道突水突泥，对隧道开挖及后期运营都是极其重要的。

1. 长距离超前探孔一般要求

(1) 水平探孔直径不小于 70mm，钻深达到 50 ~ 100m。

(2) 钻孔误差要求其孔位精度在一定的锥形范围内，即与理论轴线的绝对误差为 2.8° 或孔深的 5%。

(3) 部分钻孔要求取芯，如果能够达到在钻孔误差要求以内的偏差，取心钻孔直径可以更改为 76mm，如果偏差达不到要求，则必须采用 100mm 的直径钻孔。

(4) 误差测量显示如果钻孔超过了误差要求，则必须对误差孔进行注浆并重新钻孔取代，再进行误差测量。

(5) 钻好的孔应进行压水渗漏性试验。

钻孔作业主要施工方法为机械回转钻进。利用传统的地质钻探方法，采用地质钻机，配合金刚石钻头，对所需了解地层进行环状切削，把岩芯取出供地质鉴定和编录。

2. 工艺

(1) 开孔：为了确保终孔位置 (三维空间位置) 控制在允许偏差范围内，一般采用开孔倾角较设计倾角上仰 1°~20°。

(2) 孔径：使用金刚石钻头，采用一径到底施工工艺。

(3) 钻进参数选用：开孔钻进选择低压慢转的工艺参数，确保开孔准确。当孔深大于 3m，可转入正常钻进，采用中压和高转速的工艺参数。

该方法比较直观，但也存在不足之处：一是在复杂地质条件下预报效果较差，很难预测到正洞掌子面前方的小断层和贯穿性大节理，特别是与隧道轴线平行的结构面，其预报无反映；二是钻孔与钻孔之间的地质情况反映不出来。

### （四）HSP 水平声波剖面法和声波 CT 法

HSP 水平声波剖面法原理是建立在弹性波理论的基础上，探测的物理前提是断层带及充填物与周边地质体间明显的声学特性差异。它是利用孔间地震剖面法（ABSP）的原理及相应软件开发的一种超前预报方法。其原理是向岩体中辐射一定频率的高频地震波，当地震波遇到波阻抗分界面时，将发生折射、反射，频谱特征也将发生变化，通过探测反射信号（接收频率为声波频段的地震波），求得其传播特征后，便可了解工作面前方的岩体特征。震源和检波器的布置除离开开挖面对施工干扰较小外，还因反射波位于直达波、面波延续相位之外而不受干扰，因此记录清晰、信噪比高、反射波同相轴明显。

声波 CT 技术的物理前提：具有不同物性差异的介质，声波在其内部的传播速度不同。该方法通过密集对穿的测试方式，计算并模拟测试剖面内部的物性差异情况，结合现场地质分析，从而达到对测试剖面范围内的地质体进行直观的三维图像描述。

### （五）陆地声呐法

陆地声呐法（Land Sonar）也叫高频地震波反射法，它是"陆上极小偏移距高频弹性波反射连续剖面法"的简称，可在狭小的场地和基岩裸露的条件下，探查岩溶等有限物体，也称为高密度地震反射或地震映像法。施测时采用极小偏移距地震波激发—接收系统，进行单点测量或在激震点两侧对称位置上各设一检波器，一次激发两道接收。源检距的大小根据最小探查深度而定，以目的体反射波不受先到的干扰波影响为准。为提高分辨率，需激发和采集高频信号。采用电声转换声学发射装置来激发频率为几千赫至几十千赫的弹性波。由于可采集很宽频率的反射信号，故可以用分窗口带通滤波的方法处理资料，分别提取不同频谱的信息，以突出不同规模探查对象的反射图像。

该法具有分辨率高、可避开许多干扰波、反射波能量高、探查岩溶和洞穴效果好、图像简单易辨等优点，但需占用开挖面工作时间且实测剖面较短。已在云台山铁路隧洞、南昆线铝厂隧洞等工程中应用，预报距离50～100m。

### (六) 地质素描法超前预报技术

地质素描是对开挖面的地质情况如实而准确地反映。在隧道掘进施工时，每个作业面派1～2名有经验的地质工程师，在爆渣清运完毕后对下一循环工作面进行地质素描。地质素描内容主要包括地下水状态 (出水点、出水量、水压力、突水情况等)、地层岩性 (产状、结构、地质构造影响程度等)、岩石特征 (岩石名称、风化状况、岩石结构、质地、强度)、地质结构面 (间距、延伸性、粗糙度、张开性等)、软弱夹层、贯穿性强的大节理、断层 (填充情况、风化程度、开度、渗漏) 等。根据地质素描图的内容，绘制地质素描图，并做出开挖面前方较短距离内的岩体稳定性分析，同时结合超前导洞所揭示的情况，通过综合分析判断，提出地质预测报告。必要时还可用数码摄像机摄像，根据岩体变化来推断前方地质变化趋势。该方法的优点是不占用施工时间，设备简单，不干扰施工，出结果快，预报的效果好，而且为整个隧道提供了完整的地质资料；缺点是对与隧道夹角较大而又向前倾的结构面容易产生漏报。

### (七) 地质雷达法超前预报技术

地质雷达与通信雷达原理一样，它是利用高频电磁波脉冲信号的反射来探测隧道前方地质情况的，由于地质介质比空气具有更强的电磁波衰减特性，加之地质介质的多样性，电磁波在地层中的传播规律比空气中要复杂很多。尽管如此，随着技术的进步和实践经验的积累，地质雷达在隧道的超前预报中，仍取得了良好的效果，特别对溶洞、地下水、断层破碎带、软弱地层等的预报，准确率较高。

### (八) 红外线超前探水法

红外线超前地质预报系统是目前较为先进的地下水预报方法之一。该预报系统在煤炭系统应用较多，取得了较好的应用效果。

把含水裂隙、含水构造、含水体作为寻找对象场源时，场源所形成的场强要远远大于场源本身，当我们由远而近接近场源 (含水构造体等) 时，红外线测试仪显示屏上的被测目标湿度读数值会发生明显变化。在工程现场，主要通过测试掘进工作面和隧道开挖纵向的地湿场变化情况，根据介质辐射的红外波段长的能量变化，判析前方是否为隐伏含水构造体，有无发生突涌水的可能。

将掘进工作面场强分布：根据掘进工作面的大小，将掘进工作面划分为若干个区域，一般情况下，将掘进工作面划分为 9 个区域，每个区域设定 1 个测点。测试每个区域内红外线地湿场值，通过对比分析，判定掘进工作面是否存在含水构造体。根据以往测试经验，判定标准一般设定为：当掘进工作面测点中最大和最小红外波段长的能量值大于等于 $10LW/cm^2$，可判定前方存在含水体构造，否则不存在含水体构造。

纵向场强分布：分别在拱顶、左边墙、右边墙上，从掘进工作面开始，向已开挖方向 (背离掘进工作面方向)，每间隔 10m 设置一个测点。测试每个测点位置的湿度值，根据湿度值变化规律，通过分析计算，判定前方是否存在含水体构造。若前方存在含水构造，含水构造产生的异常地湿场会叠加到掘进工作面后方的正常地湿场上，产生地湿场的畸变。由于到场源的距离不同，畸变后的情况亦不同，介质所辐射的红外波段能量在数据曲线上表现为突变。而当掘进工作面前方没有含水构造时，由工作面到其后一定距离内所测的红外辐射场能量均为正常的湿场值，为一常数，其数据曲线表现为一近似直线。否则，工作面前方就存在含水构造体，在现场施工时应引起高度重视。

红外探测的特点是可以实现对隧道全空间、全方位的探测，操作简单，能预测到隧道外围空间及掘进前方 30m 范围内是否存在隐伏水体或含水构造，而且可利用施工间歇期测试，基本不占用施工时间。缺点是只能确定有无水，至于水量大小，水体宽度，具体的位置没有定量的解释。

### (九) 短距离超前探孔法

短距离超前地质探孔预报是目前各种超前地质预报方法中最简单、最准确的一种预报方法，其主要包括以下两种。

1.5～8m 超前探孔法

在地质不良地带，隧道开挖时，每循环还需要进行短距离超前地质钻探，此时一般可利用人工手持风钻或台车液压钻机对工作面进行补充加密钻探，钻孔深度5～8m。探孔数量不少于6个，探孔分别位于拱顶、两拱腰、两边墙、拱底。探孔探测若无异常情况出现，可进行钻爆开挖。在短距超前探孔预测预报过程中，若工作面局部出水量较大，应增加探水孔数量，以便更加准确地进行预测预报。

2.30m 超前探孔法

30m 超前探孔法是在掘进工作面上布设超前探孔，采用地质钻机进行超前钻探，地质探测一般设计长度为30m。在钻探中根据钻机在钻进过程中推力、扭矩、钻速大小、岩粉成分、成孔难易及钻孔出水情况来判断前方的地层和岩性，同时进行涌水量和水压测试，判断掘进工作面前方地层含水情况。一般情况下，每个掘进工作面布设超前探水孔2～3个，分别位于拱顶和拱腰部位。超前探水孔直径90mm，终孔位于隧道开挖轮廓线外1.5～3.0m。经探测后，若无大的涌水，可开挖25m，之后进行下一循环的地质钻探。

### 三、地质预报技术关键

（1）研究区域地质、工程地质资料，必要时进行地表补充测绘和勘探，对整个地区地质情况做比较全面和深刻的认识，分析主要工程地质问题、主要地质灾害隐患及其分布范围，根据隧道内揭示的大致里程，制订预报方案。

（2）根据地质灾害对隧道施工安全的危害程度和工程设计资料，对不同地段地质分级预报，不同类型和级别的地段采取不同的预报手段。

（3）隧道施工前制订好不良地质地段应急预案，在浅孔钻探发现地质突变或含水时，立即采取处理措施。

（4）配备先进仪器，结合有丰富经验的地质、施工人员进行综合分析论证。

（5）超前地质预报流程。

# 第三节　隧道工程的施工

## 一、钻爆作业

### (一)起爆方法与器材

为了使炸药发生爆炸，就需要一定的起爆能。起爆方法根据所用的器材不同分为火雷管起爆法、电雷管起爆法和塑料导爆管非电雷管起爆法，以及混合起爆法。常用的起爆器材有火雷管、导爆索、电雷管、塑料导爆管非电雷管等。不同的爆破方法所用的起爆器材也不同。

1. 火雷管起爆法

主要用火源(点火材料)点燃导火索，用导火索来传导火焰，直接喷射于火雷管的正起爆药上而使火雷管起爆，使炸药发生爆炸。

2. 导爆索起爆法

导爆索起爆法所需要的器材有雷管、主导爆索和炮眼导爆索。它用雷管首先引爆主导爆索，然后引爆炮眼导爆索，引起炸药的爆炸。主要用于隧道周边眼的爆破，有时为了加强掏槽眼的爆破，也用于掏槽爆破。

(1)导爆索。导爆索是以黑索金或泰安作为索芯，以棉麻、纤维等为被覆材料的索状起爆材料。它经雷管起爆后，可以引爆其他炸药。

导爆索分为两类：普通导爆索和安全导爆索。隧道内一般使用普通导爆索，安全导爆索一般在煤矿部门使用。

(2)导爆索的起爆。导爆索的起爆，通常采用火雷管、电雷管、塑料导爆管非电雷管起爆，为保证起爆的可靠性，经常在导爆索与起爆雷管的连接处加1~2卷炸药卷。雷管的聚能穴应朝向传爆方向，雷管或起爆药包绑扎的位置需离开导爆索始端100mm。为了安全，只准在临起爆前将起爆雷管绑扎在导爆索上。

3. 电雷管起爆法

电雷管起爆法是利用电能首先引起电雷管的爆炸，然后再起爆工业炸药的起爆方法。它所需用的爆破器材有起爆电源、导线、电雷管。

4. 塑料导爆管非电雷管起爆法

塑料导爆管非电雷管起爆法是 20 世纪 70 年代出现的一种新的起爆方法。由于该起爆法具有抗杂电、操作简单，使用安全可靠、成本较低以及能节省大量棉纱等优点，目前应用非常广泛，有逐渐取代导火索起爆、导爆索起爆、电雷管起爆的趋势。

### (二) 隧道光面爆破技术

光面爆破技术约在 1950 年发源于瑞典，1952 年在加拿大首次应用，预裂爆破是由光面爆破演变而来的。开始，我国则将光面爆破和预裂爆破列在控制爆破技术之内，但由于所谓"控制爆破"的含义甚广，如岩石爆破时的振动、抛掷方向、块度等，如果笼统地称为控制爆破就不够确切。考虑到光面爆破和预裂爆破技术在原理应用和其技术本身均存在一些明显的区别，因此将所有有实用价值的这类爆破技术大体上分为两类加以研究，即光面爆破和预裂爆破。从整个爆破技术来分，它们均属于光面爆破技术。

光面爆破 (包括预裂爆破) 区别于普通爆破的主要特点是爆破后轮廓成型规整，符合设计断面的轮廓要求，围岩保持稳定，不产生或很少产生炮震裂隙。因此，光面爆破具有很大的优越性。对于隧道采用光面爆破或预裂爆破来说，其优越性更为显著，除上述原因外，能为施工创造舒适安全的条件，且能加快施工进度，节省隧道工程造价，这一点对深眼光面爆破来说尤为突出。

1. 光面爆破技术的定义

光面爆破是一种控制岩体开挖轮廓的爆破技术，是通过一系列措施对开挖工程周边部位实行正确的钻孔和爆破，并使周边眼最后起爆的爆破方法。预裂爆破则是周边眼最先起爆，线装药密度要适当地比光面爆破大一些，周边眼间距要适当小一些，崩落距离与光面爆破周边眼的最小抵抗线相比也要小一些。爆破后，能精确地沿周边眼连线形成断裂面，把设计要求爆除的部分崩落下来，使围岩稳定性不因爆破而遭到明显的破坏。

2. 光面爆破技术的三大类型

光面爆破技术有三大类，即轮廓线钻眼法、预裂爆破法、光面爆破法。

（1）轮廓线钻眼法。轮廓线钻眼法是最原始的光面爆破方法。此方法是沿设计的断裂（隧道开挖）轮廓线钻凿紧密相邻的炮眼（接近于互相贯穿，人为地造成弱面），这些眼内不装药，然后视其离自由面的远近再钻若干排炮眼并装药爆破。由于密集且相邻炮眼的存在，隔开了其他眼爆破时爆炸应力波和裂缝的传递与扩展，使岩体沿弱面部分切开，形成平整的岩壁，保护岩体的稳定。

这种方法目前在隧道内已很少使用，只有在不够稳定的岩层（如断层破碎带、软弱岩体）中以及城市地下隧洞为减轻地振动所需时才部分采用轮廓线钻眼法。其优点是能获得较好的光面爆破效果；缺点是钻眼工作量大，钻眼费用高。

（2）预裂爆破法。预裂爆破法是在开挖轮廓线上钻相互平行的比较密集的炮眼，装药后并使之比其他爆破眼先起爆，当轮廓线上的炮眼间距、药量、装药结构合适时，爆破后各炮眼间将形成相互贯通的裂隙，与原岩体分割开来。此后再爆破其他炮眼，因为轮廓线上裂缝已经形成，所以其他炮眼爆破时不会引起围岩岩体破坏，而造成光滑的平整壁面。很多现场观测表明，预裂可起到较大隔振作用。一般适用于岩体较为完整的硬岩、中硬岩中深眼及深眼爆破，所取得的效果比较好。

（3）光面爆破法。光面爆破有的书上也叫修边爆破。它与预裂爆破恰好相反，轮廓线上的炮眼（周边眼）是在其他炮眼爆破后最后起爆，是软岩、中硬岩隧道浅眼爆破施工中广泛应用的方法。它主要是通过合理选择周边眼的参数，来达到光面爆破的目的。与预裂爆破法比较，周边轮廓线上的炮眼数一般可适当减少。根据断面不同，施工方法上可以分为预留光面层光面爆破法和全断面一次爆破光面爆破法。

### （三）爆破设计

1.炮眼的种类和作用

（1）掏槽眼：针对隧道开挖爆破只有一个临空面的特点，为提高爆破效果，宜先在开挖断面的适当位置（一般在中央偏下部）布置几个装药量较多的炮眼。其作用是先在开挖面上炸出个槽腔，为后续炮眼的爆破创造新的临空面。

（2）辅助眼：位于掏槽眼与周边眼之间的炮眼称为辅助眼。其作用是扩大掏槽眼炸出的槽腔，为周边眼爆破创造临空面。

（3）周边眼：沿隧道周边布置的炮眼称为周边眼。其作用是炸出较平整的隧道断面轮廓。按其所在位置的不同，又可分为帮眼、顶眼、底眼。

爆破的关键是掏槽眼和周边眼的爆破，掏槽眼为辅助眼和周边眼的爆破创造了有利条件，直接影响循环进尺和掘进效果；周边眼关系到隧道开挖边界的超欠挖和对周围围岩的影响。

2.隧道爆破的参数设计

（1）炮眼直径。根据岩性、凿岩设备和工具、炸药性能等综合分析，合理选用孔径。一般隧道的炮眼直径在 32 ~ 50mm。

（2）炮眼数量。炮眼数量主要与开挖断面、炮眼直径、岩石性质和炸药性能有关，炮眼的多少直接影响凿岩工作量。炮眼数量应能装入设计的炸药量，通常可根据各炮眼平均分配炸药量的原则来计算。

（3）炮眼深度。炮眼深度是指炮眼底至开挖面的垂直距离。合适的炮眼深度有助于提高掘进速度和炮眼利用率。随着凿岩、装渣运输设备的改进，目前向加长炮眼深度以减少作业循环次数的趋势发展。

（4）装药量的计算及分配。炮眼装药量的多少是影响爆破效果的重要因素。药量不足，会出现炸不开、炮眼利用率低和石渣块度过大的现象；药量过多，则会破坏围岩稳定，崩坏支撑和机械设备，使抛渣过散，对装渣不利，且增加了洞内有害气体，相应地增加了排烟时间和供风量等。

目前，多采取先用体积公式计算出一个循环的总用药量，然后按各种类型炮眼的爆破特性进行分配，再在爆破实践中加以检验和修正，直到取得良好的爆破效果为止的方法。

## （四）钻孔、检查

目前，在隧道开挖爆破过程中，广泛采用的钻孔设备为凿岩机和钻孔台车。为保证达到良好的爆破效果，施钻前，应由专门人员根据设计布孔图现场布设，必须标出掏槽眼和周边眼的位置，严格按照炮眼的设计位置、深度、角度和眼径进行钻眼，在炸药装入炮眼前，应将炮眼内的残渣积水排除干净。

### (五) 装药

装药时应严格按照设计的炸药量进行装填。隧道爆破中常采用的装药结构有连续装药、间隔装药及不耦合装药等。连续装药结构按照雷管所在位置的不同又可分为正向起爆、反向起爆和双向起爆三种起爆形式。

实践表明，反向起爆有利于克服岩石的夹制作用，能提高炮眼利用率，减小岩石破碎块度，爆破效果较正向起爆好。但反向起爆较早装入起爆药卷，会影响后续装药质量，在有水的情况下，起爆药受潮拒爆，还易损伤起爆引线，机械化装药时易产生静电早爆。

隧道周边眼的装药结构常用小直径连续装药、间隔装药、导爆索装药和空气柱装药。一般宜选用小直径连续装药或间隔装药结构；当岩石很软时，可用导爆索装药结构；眼深小于 2m 时，可采用空气柱装药结构。

### (六) 堵塞起爆

隧道内所用的炮眼堵塞材料，一般为沙子和黏土混合物，其比例大致为沙子占 40% ~ 50%，黏土占 50% ~ 60%。堵塞长度视炮眼直径而定。当炮眼直径为 25mm 或 50mm 时，堵塞长度不能小于 18cm 和 45cm。堵塞长度也和最小抵抗线有关，通常不能小于最小抵抗线。堵塞方法可采用分层捣实法进行。

起爆网络是隧道爆破成败的关键，它直接影响爆破效果和爆破质量，起爆网络必须保证每个药卷按设计的起爆顺序和起爆时间起爆。目前在无瓦斯与煤尘爆炸危险的铁路隧道中进行爆破开挖多采用导爆管起爆系统起爆。

### (七) 爆破效果检查

隧道爆破质量直接影响隧道施工的安全、掘进速度及经济效益。爆破时，围岩的破坏范围过大，将威胁到施工安全；石渣块度过大，将会影响装运速度；眼底不平，炮眼利用率不高，会影响掘进速度；光爆效果不好，超挖过大，则是造成经济效益不好的直接原因。

## 二、通风作业

### (一) 通风方式

施工通风方式应根据隧道的长度、掘进坑道的断面大小、施工方法和设备条件等诸多因素来确定。在施工中，有自然通风和强制机械通风两类，其中自然通风是利用洞室内外的温度或风压差来实现通风的一种方式，一般仅限于短直隧道，且受洞外气候条件的影响极大，因而完全依赖于自然通风是较少的，绝大多数隧道均应采用强制机械通风。

1.机械通风方式分类

机械通风方式，可分为管道通风和巷道通风两大类。而管道通风根据隧道内空气流向的不同，又可分为压入式、吸出式和混合式三种。

这些方式，根据通风风机 (以下简称风机) 的台数及其设置位置、风管的连接方法又分为集中式和串联 (或分散) 式；还可根据风管内的压力分为正压型和负压型。

巷道式通风方式是利用隧道本身 (包括成洞、导坑及扩大地段) 和辅助坑道 (如平行导坑) 组成主风流和局部风流两个系统互相配合而达到通风目的。以设有平行导坑的隧道为例来说明组成一个风流循环系统：在平行导坑的侧面开挖一个通风洞，通风洞口安装主通风机，平导洞口设置两道风门，除最里面一个横通道做风流通道外，其余横通道全部设风门或砌筑堵塞。当主通风机向外抽风时，平导内就产生负压，洞外新鲜空气就向洞内补充，由于平导口及横通道全部风门关闭或砌墙，新鲜空气只得由正洞进入，直至最前端横通道，带动污浊气体经平导进入通风洞排出洞外，形成循环风流，以达到通风的目的。

另外，巷道通风尚有风墙式、通风竖井、通风斜井、横洞等。但随着我国独头掘进技术的提高，开挖断面大，通风方式更趋向于采用大功率、大管径的压入式通风。秦岭隧道 Ⅱ 线平导，开挖断面为 28m²，独头掘进 9.5km。通风设计为 2 阶段，第 1 阶段采用 PF-IIOSW55 型风机，$\varphi$1300mm 的 PVC 塑布软风管的单机压力式通风，通风长度可达 6km；第 2 阶段在 4.5~5km 处设通风站，采用混合式通风，总通风长度可达 10km，充分说明了压入式通风方式的优点。

2.通风方式的选择

通风方式应针对污染源的特性，尽量避免成洞地段的二次污染，且应有利于快速施工，因而在选择时应注意以下几个问题。

（1）自然通风因其影响因素较多，通风效果不稳定且不易控制，故除短直隧道外，应尽量避免采用。

（2）压入式通风能将新鲜空气直接输送至工作面，有利于工作面施工，但污浊空气将流经整个坑道。若采用大功率、大管径风机，其适用范围较广。

（3）吸出式通风的风流方向与压入式相反，但其排烟速度慢，且易在工作面形成炮烟停滞区，故一般很少单独使用。

（4）混合式通风集压入式和吸出式的优点于一身，但管路、风机等设施增多，在管径较小时可采用，若有大管径、大功率风机时，其经济性不如压入式。

（5）利用平行导坑做巷道通风，是解决长隧道施工通风的方案之一，其通风效果主要取决于通风管理的好坏。若无平行导坑且断面较大，可采用风墙式通风。

（6）选择通风方式时，一定要选用合适的设备——通风机和风管，同时要解决好风管的连接，尽量减少漏风率。

（7）搞好施工中的通风管理，对设备要定期检查，及时维修，加强环境监测，使通风效果更加经济合理。

### （二）通风机操作安全规程

通风机和管道的安装，应保持在高速运转情况下稳定牢固。不得露天安装，作业场地必须有防火设备。风管接头应严密，口径不同的风管不得混合连接，风管转角处应做成大圆角。风管出风口距工作面宜为610m。

风管安装不应妨碍人员行走及车辆通行；若架空安装，支点及吊挂应牢固可靠。隧道工作面附近的管道应采取保护措施，防止爆破砸坏。启动前应检查并确认主机和管件的连接符合要求，风扇转动平稳、电器部分包括电流过载继电保护装置均齐全后，方可启动。

严禁在通风机和通风管上放置或悬架任何物件。作业后，应切断电源。

# 第四节　不良地质和特殊地质隧道工程处置技术

在修建隧道及地下工程时，工程地质状况及水文地质情况是施工人员面临的首要对象，在一般情况下，隧道的修建速度和质量好坏取决于对地质状况的认识和掌握程度；当地质状况较好时，工程的进展就顺利，工程的工期、质量、造价等都能按计划正常进行。当地质条件较差，遇到了特殊及不良地质地段时，如富水软弱围岩、流沙、溶洞、膨胀岩、瓦斯、高地应力等，工程就会受阻，主要表现为工期的延长、质量的下降、工程造价的剧增，同时有可能出现大的安全事故，导致人员伤亡、设备损坏等现象的发生，因此有必要对不良地质隧道的施工技术进行全面、系统的研究和总结。

## 一、富水地层处置技术

### (一) 处置原则

隧道涌水段的处置应严格贯彻"详细调查、有序施工和保护环境、灵活处置"的处置原则。

(1) 详细调查。对于出现涌水情况的段落，首先应进行详细的涌水情况调查，包括涌水位置、涌水形态、涌水量的大小、涌水量的动态变化、含泥沙情况、水的侵蚀性、当地气候条件、环境条件等基础资料，以作为确定处置方案的依据。

(2) 有序施工和保护环境。隧道内一旦产生积水，施工机械设备的正常运转就难以进行，喷射混凝土等施工质量也难以保证，因此应采取必要的临时措施确保洞内的施工环境良好，以正常有序地开展后续施工；对于洞顶地表存在居民或工业生产以及隧址周围属生态保护区等环境保护要求高的地区，必须采取有效措施减小隧道涌水对环境的不利影响。

(3) 灵活处置。综合以上基础资料，灵活选用处置方法。

### (二) 处置方案

涌水处置方案可分为两类，即排除涌水的方法 (排水法) 和阻止涌水的方法（止水法）。实际工程中，排水和止水往往不能截然分开，因此，涌水处置应根据实际情况将排水法与止水法相互配合使用。

1. 排水法

排水的目的是降低地下水位及工作面的涌水压力，其使用普遍、费用低、工期短。

（1）自然排水。如果隧道开挖为上坡（顺坡施工），且坡度足够大（一般不宜小于3%）就可采用自然排水法。具体方法是，可在隧道两侧或中心，开挖一条（或数条）排水沟。必要时，也可采用木槽、钢管等替代。排水沟（管）断面积可根据排水量、坡度及表面粗糙度，按无压流量公式进行计算。

（2）机械排水。当隧道为下坡开挖（反坡施工）以及采用竖井、斜井做辅助坑道时，洞内渗水和涌水不能顺坡排出洞外，应采用机械排水。机械排水一般采用水泵排水，其布置方式包括分段开挖反坡排水沟和隔开较长距离开挖集水坑。

（3）导坑排水及钻孔排水。导坑排水沟及钻孔排水可单独使用，也可同时使用，常与注浆法结合使用。当隧道开挖掌子面遇到很大水压时，可采用小导坑掘进，或者在主隧道左右两侧开挖横断面小的排水导坑。如这种小断面的排水导坑仍不能起到排水作用，而掌子面的掘进还是很困难时，就从掌子面上钻几个几米到几十米的排水钻孔以降低地下水位。排水导坑与正洞之间的距离，从排水效果看，应尽可能缩短。如距离太近，由于岩体的松动会影响正洞的安全。一般采用中心距离1~20m，且较正洞低。排水导坑一般设在地下水流的上游，但也有例外，要视地质条件而定。排水导坑应在正洞前面掘进，如遇开挖崩塌，无法掘进时，则开挖面应全面支护，在它的后方10m左右处另开岔线，进行迂回掘进。此时可在停止的开挖面上进行钻孔排水，以保障分岔的迂回坑道的掘进。排水钻孔一般采用辅助导坑施工，长尺钻孔的场合使用大型机械，开挖时间长，为了尽可能地避免作业间的干扰，应在断面外进行开挖。钻孔长度应根据开挖目的、调查需求以及搭接长度等决定。钻孔的方向应靠近隧道，一般向上2°~5°、向外2°的施工场合比较多。

（4）井点排水及深井降水。井点与深井的采用取决于隧道的覆盖土、环境、土壤性质及水压力等因素，一般适用于覆盖厚度不大和地层渗透性高的隧道中。井点法适用于未固结层(沙砾、粗、中、细砂等地层),渗透系数范围为 $5 \times 10^{-7} \sim 5 \times 10^{-3}$ m/s,设备简单,因此只要没有特殊情况,从经济上考虑,就可采用。深井降水法的特点是可以在大范围内大幅度地降低水位,但此法是重力排水方式,水流入井的渗透速度有一定的限度,当不能将水位完全降低时,还需要采用井点补充降水。

2. 止水法

在隧道施工中,当难以用上述排水法施工时,或采用排水法效果不理想时,一般采用止水法。止水法有冻结法、压气法及注浆法三种。

(1)冻结法适用于各种复杂的含水地层(尤其适用于深厚的冲积层),且安全。但它需要庞大的制冷设备与管理系统,投资昂贵,施工期较长,混凝土衬砌在低温下作业。故一般只有当遇到特别不良地层时,才考虑采用这种方法。

(2)压气法多用在软弱层,常与盾构法一起使用。由于人员在气压下作业受 0.3MPa 气压的限制,故它只能用在水压不大于 0.3MPa 的场合,而且一次作业时间也有限制。

(3)注浆法是目前国内外隧道工程中最常用的一种止水方法。它可通过浆液使原来松散软弱结构的围岩得到胶结硬化,变得相对密实;使裂隙、空洞封闭,截断围岩渗水通路。

## 二、断层破碎带处置技术

### (一)处置原则

(1)断层破碎带的处置,应首先查明断层的倾角、走向、破碎带的宽度、岩体破碎程度、地下水活动等有关基础资料,以便选择正确的施工方法和处置措施。

(2)断层破碎带的调查应首先采用超前地质预报。当使用 TSP 或地质雷达等物探手段不能准确查明前方的地质情况时,应采用超前地质钻探或超前导坑。

(3)超前地质钻应钻透断层破碎带。如断层破碎宽度大,破碎程度及裂隙充填物情况复杂,且有较多地下水时,可在隧道中线一侧或两侧开挖调查导坑，调查导坑穿过断层破碎带的中线与隧道中线平行，线间距不小于20m，调查导坑穿过断层破碎带后，再掘进一段距离转入正洞，处理断层破碎带的同时，在前方开辟新工作面，加快施工进度。

（4）断层破碎带的处置应根据断层破碎带的分布宽度、围岩破碎程度、地下水情况等因素综合确定，不同的围岩情况应制订不同的处置方案。

## （二）处置方案

根据断层破碎带的规模，断层分为小断层、中断层、大断层，处置时应根据不同的规模及断层物质组成成分采取不同的处置措施。

### 1. 小断层

小断层是指沿隧道纵向断层宽度小于5m的断层带。对小断层，岩体组成物为坚硬岩块且挤压紧密，围岩稳定性相对较好时，隧道通过这样的断层，不宜改变施工方法，与前后段落的施工方法一致，避免频繁变更施工方法，影响施工进度。但通过断层带要加强初期支护和适当的辅助施工措施渡过断层带。如超前锚杆与系统锚杆配合，加厚喷射混凝土，并增设钢筋网等措施。必要时可增设格栅钢架。超前锚杆在拱部设置，锚杆直径一般为22mm，长3.5m，环向间距40cm，外插角约为10°，每2m设一环，保证环间搭接水平长度大于1.0m，用早强砂浆作为超前锚杆杆体与岩层孔壁间的胶结物，以及早发挥超前支护作用，在超前支护下掘进。开挖后立即施作径向锚杆、挂钢筋网、喷射混凝土等初期支护。

### 2. 中断层

中断层是指沿隧道纵向断层宽度为5~10m的断层带。对中断层，岩体破碎时，宜采用超前小导管、钢筋网、喷混凝土、格栅钢架等加强初期支护，并在拱部施作超前小导管周壁预注浆，对洞周岩体进行预加固和超前支护。在超前支护下，宜采用上下台阶留核心土或上下台阶法开挖。在台阶上部施作超前小导管，上部开挖后及时施作拱部初喷混凝土，径向锚杆，挂钢筋网和格栅钢架。在做好拱部初期支护后方能开挖台阶下部。超前小导管管径根据钻孔直径选择，一般选用直径为42~50mm的直热轧钢管，长3.5~5.0m，外插角10°~20°，管壁每隔10~20cm，交错钻眼，孔口150cm段不钻扎，眼孔直径6~8mm，采用水泥砂浆或水泥水玻璃浆液灌注，导管环向间距 30 ~ 50mm，纵向两组导管间水平搭接长度不小于 1.0m。

### 3. 大断层

大断层是指沿隧道纵向断层宽度大于 10m 的断层带。对大断层，岩体破碎时，宜采用超前管棚和钢架进行联合支护。管棚长度一般 10 ~ 40m，能一组管棚穿过断层破碎带，则采用一组管棚，但受地质和施工条件限制，断层宽度大，可分组设置，纵向两组管棚的搭接长度不小于 3.0m。管棚用钢管直径为 80 ~ 150mm，一般多采用 f108mm 厚壁热轧无缝钢管，环向钢管中心间距为管径的 2 ~ 3 倍，即 30 ~ 40cm。钢架根据地质情况，可采用型钢或格栅钢架，其间距 0.5 ~ 1.0m 一榀。在管棚支护下，采用上下台阶留核心土法开挖，在做好上台阶的锚、网、喷、钢架等初期支护后，才能开挖下台阶。

### 4. 其他情况

（1）当断层出露于地表沟槽，且隧道为浅埋时，宜采用地面砂浆锚杆结合地面加固和排泄地表水及防止地表水下渗等措施处置。地面锚杆垂直设置，锚杆间距 1.0 ~ 1.5m，按矩形或梅花形布置，锚杆直径为 18 ~ 22mm，长度根据覆盖厚度确定，锚固范围根据地形和推测破裂面确定。

（2）当断层破碎带内伴随有地下水时，且断层地下水是由地表水补给时，应在地表设置截排系统引排。对断层承压水，应在每个掘进循环中，向隧洞前进方向钻凿不少于 2 个超前钻孔，其深度宜在 4m 以上，以探明地下水的情况。

（3）断层破碎带的施工宜采用留核心土法和侧壁导坑法，在断层地带开挖后应立即进行初喷混凝土，并坚持宁强勿弱的原则，加强支护，坚持短进尺、弱爆破、强支护、勤量测、快衬砌的原则。

## 三、岩溶地段处置技术

### （一）岩溶分类

（1）根据溶蚀洞穴的发育规模，其总体可分为小型溶洞和大型溶洞两类。

①小型溶洞一般指发育有限（溶洞洞径小于 1/2 隧道开挖洞径或溶洞洞径小于 6m）、充填物易于清理的溶蚀洞穴。

②大型溶洞一般指洞穴深浚（溶洞洞径不小于1/2隧道开挖洞径或溶洞洞径不小于6m），且充填丰满、难于回填或不宜填塞的溶蚀洞穴。

（2）根据溶洞充填物特征，可将溶洞分为充填型、半充填型和无充填型三类。

①充填型溶洞指溶洞内有充填物充的溶洞。

②半充填型溶洞指溶洞内既有部分充填物，又有一部分空腔的溶洞。

③无充填型溶洞指溶洞内无充填物的溶洞。

### （二）岩溶总体处置方案

根据隧道内岩溶的表现形态，隧道岩溶段的处置方案可按溶洞空腔、岩溶水或管道和溶洞充填三种形态制订处置方案。

（1）表现为溶洞空腔的岩溶段的处置，应根据溶蚀洞穴与隧道的相互位置关系及其自身的洞穴发育规模等信息制订。一般地，大型溶洞可采用跨越方案和支顶加固方案，小型溶洞可采用护拱、封闭、换填和回填等方案。

（2）表现为岩溶水或管道的岩溶段的处置，应根据最大涌水量、补给条件、地下水流向等因素制订。一般可采用堵水、引排和打引水导洞等措施。包括预注浆堵水、后注浆堵水、依靠隧道自身的排水系统排水以及泄水洞排水等措施。

（3）表现为溶洞充填的岩溶段的处置，应根据岩溶洞穴与隧道的相互位置关系及发育规模、围岩和溶蚀充填物的地质条件，一般可采用超前支护、超前注浆、周边径向注浆、基础换填、基础加固等措施，也可采用跨越的方式进行处理。

### （三）小型溶洞的处置

对于小型溶洞的处置，应综合考虑岩溶洞穴的充填特征、所处位置以及方便现场施工，制订相应的处置方案。

（1）对于无充填或半充填型岩溶洞穴，首先应清除溶洞表面浮土或洞穴内的充填，然后对岩溶洞穴采取回填处理。

①出露于隧道拱部上方的小型溶洞，应清除洞内充填物，如有条件，宜对溶穴腔壁进行适当的喷锚防护，并保证锚杆嵌入基岩不少于1.0m。在

隧道衬砌施工后，浇筑混凝土护拱，护拱应加设锁脚锚杆，最后吹（堆）砂充填。

②出露于隧道边墙侧部的小型溶洞，应在隧道衬砌施工前，先浇筑 C15 片石混凝土或 M7.5 浆砌片石护墙，后墙背以干砌片石回填。

③出露于隧道底板（路面或仰拱）下方的小型溶洞，应在隧道底板（路面或仰拱）浇筑前，先清除溶蚀充填物，并自下而上以干砌片石、C15 片石混凝土换填。

（2）对于充填型小溶洞，应根据溶洞所处的位置及方便现场施工，采取相应的换填或加强防护措施。

当岩溶洞穴位于隧道拱部和边墙位置时，若施工过程中岩溶洞穴内充填物已发生滑落，应在岩溶洞穴内充填物清除后，采用喷射 C25 混凝土或水泥砂浆回填；若施工过程中岩溶洞穴充填物未发生滑落，应在岩溶洞穴位置采取喷锚网防护。

当岩溶洞穴位于隧道基底位置时，应在清除岩溶洞穴内的充填物后，采用混凝土回填密实的处置方案。

（3）对于隐伏型溶洞，隧道施工过程中应采用综合地质超前预报技术对隧道周边，特别是基底进行隐伏岩溶普查，当普查揭示出隧道开挖轮廓线外附近存在隐伏岩溶洞穴时，应采取局部注浆措施，对隐伏岩溶进行注浆回填或注浆固结。

### （四）大型溶洞的处置

对于发育于隧道周边不同部位的大型溶洞，原则上应因地制宜，利用"梁、柱、墙、桩"等结构，采用"引、堵、越、绕"等措施进行处理。

（1）对洞体深浚、充填丰满或难于回填或不宜填塞的大型干溶洞，应因地制宜进行处理。原则上，拱部及边墙主要采取回填措施，基底处置应根据其不同的发育特点采取有针对性的处置方案。

①型钢混凝土＋板跨的处置方案。当隧道基底处的溶洞深度很深，同时溶洞纵向跨度不大（一般小于 3m）时，并且隧道弃渣回填量大，有可能影响地下水通道，宜采用型钢混凝土＋板跨处置方案。型钢多采用钢轨、工字钢等强度较高的钢材。

②托梁＋板跨的处置方案。隧道基底处的溶洞，可采取洞渣回填后，采用"托梁＋钢筋混凝土板"的跨越结构处置，托梁断面一般采用宽1～1.5m×高1～1.8m，托梁两端置于完整基岩上的长度不小于2m，钢筋混凝土板厚度一般为0.8～1.5m。

③钢管群桩加固方案。当隧道基底处的溶洞深度较深（5～20m）时，宜采用钢管群桩加固的处置方案。

④桩基＋承台的处置方案。当隧道基底处的溶洞纵向发育范围较大、基底深度较深（20～30m）时，宜采用桩基托梁处置方案。在制订处置方案时，首先要对溶洞的地质情况做详细的调查，先对溶洞做一定的防护处理后，再采用桩基托梁处置方案。设计时，要计算桩的承载力，通过计算，确定桩基布设方案和承台厚度。

⑤填筑方案。当隧道基底处的溶洞规模大，发育深度很深（≥30m）时，宜采用填筑方案，可采用路基形式通过。施工时，要填筑密实，可采用分层填筑夯实的方案。

(2) 对大型充填型溶洞应根据充填物的性质，采取不同的处置技术。

①充填淤泥型。在隧道施工中，采取综合超前地质预报表明前方存在大型充填淤泥质溶洞时，应停止施工，封闭掌子面。然后采用超前预注浆加固淤泥质地层，并采取超前大管棚支护，上下台阶留核心土或侧壁导坑法开挖。开挖后及时进行径向补充注浆，及时施作加强型二次衬砌结构。

工作面预注浆法处置要求如下。

a. 注浆材料：采用水泥单液浆或者普通水泥—水玻璃双液浆。

b. 注浆顺序：注浆施工顺序应遵循以下两个原则，即注浆按由外到内的原则进行；充分考虑水源影响因素，按由下到上、由左到右的注浆顺序进行。

c. 注浆工艺：采取前进式分段注浆工艺。

d. 注浆控制：注浆结束标准可以以注浆压力控制。

e. 超前大管棚：在超前预注浆结束后，采取超前大管棚支护，以确保隧道施工安全。地表预注浆法处置要求如下：若隧道埋深不大，一般应小于100m，并且通过地表钻孔、水化学分析、连通试验、地面沉降和地下水位变化观测等手段，确定了溶管或溶洞的位置和方向，如果岩溶发育情况比较简单，可通过地面局部注浆、帷幕注浆等方法阻断岩溶水下渗的通道并对地层进行加固，确保隧道开挖不受岩溶的影响。地表预注浆的注浆压力应随着钻孔深度而变化，一般不超过上覆土压和水压之和的 0.5 倍。值得注意的是，进行地面注浆时，一定要严格控制注浆压力和浆液扩散范围，防止对煤层采空区、采矿巷道、附近建筑物造成负面影响和对井、泉、农田造成污染或破坏。

②充填粉质黏土型。在隧道施工中，采取综合超前地质预报表明前方存在大型充填粉质黏土层时，鉴于粉质黏土层有一定的自稳能力，对于拱部及边墙的溶洞可采用超前小导管支护，必要时在隧道拱部设大管棚超前支护，分步开挖，制订钢架支撑的处置方案。开挖后及时进行径向加固注浆。基底的溶洞可采取钢管群桩或高压旋喷桩进行加固处置。加固后及时施作二次衬砌结构，根据水压力测试结果确定是否采取抗水压二次衬砌结构形式。

③充填粉细砂型。在隧道施工中，当综合超前地质预报表明前方存在大型充填粉细砂层溶洞时，开挖之前应采取超前大管棚支护，然后开挖，开挖时采用留核心土法或侧壁导坑法，开挖后立即进行径向补充注浆，然后进行水压力测试，根据测试结果，确定是否采用抗全水压二次衬砌结构形式。

④充填块石土型。在隧道施工中，当综合超前地质预报表明前方存在大型充填块石土型溶洞时，应停止施工，封闭掌子面。先采用全断面超前预注浆的形式加固块石土，再采取超前大管棚支护，然后开挖，开挖时采用留核心土法或侧壁导坑工法，开挖后立即进行初期支护，初期支护采用加强型（增加钢架支撑或者缩短钢架支撑间距），必要时采用 C30 钢筋混凝土二次衬砌结构形式。

(3) 对于大型含水型溶洞，为保证施工及隧道建成后运营的安全，施工中应根据溶洞含水量的多少，采取相应的处置措施。

①充水型溶洞（溶槽）。受地质构造影响，不同岩性之间有时会出现层间宽张裂隙，张裂隙内充填有大量的岩溶水。为保证施工及隧道建成后运营的安全，施工中应采取以注浆加固堵水为主的处置原则。

注浆加固堵水处置可根据涌水量多少、水压力高低、隧道施工特点，选择采取超前预注浆堵水和揭示后径向注浆堵水两种方式处置。

②过水型溶洞（暗河）。过水型溶洞，多为该隧道所在位置的地下水水

系的一部分，如果堵塞，将破坏该位置的地下水水系，同时给隧道衬砌上附加了很大的水压力，因此，对于过水型溶洞，处置的原则是"宜通不宜堵"。常用的形式是泄水洞、梁跨（拱跨）、迂回导坑。

## 四、塌方处置技术

### （一）塌方处置原则

（1）塌方的处理应贯彻安全第一、预防为主、不留后患的方针，应严格按隧道施工安全技术操作规程和安全规则组织预防处置。

（2）根据不同的地质情况、塌方范围应制订不同的处置方案。塌方的处置应坚持"先加固、防扩展、后处理、稳通过"的原则（先锁口后治理），要求"治塌先治水"，处理塌方要宁早勿迟，宁强勿弱。

（3）塌方处理前应确保塌方状况相对稳定，确保人员和设备安全。在塌方状况相对稳定后，及时准确查明塌方的范围和现状、塌方的原因和产生机理以及地质条件、地下水情况、设计情况和施工情况，以便制定与之相应的处置对策。

（4）塌方的处置一般可采用临时支撑、加固塌体、先护后清、排除地下水等措施，也可在正洞旁开迂回导坑，绕过塌方位置向前继续施工，然后再回头处理塌方。塌方处置时应根据塌方规模、塌方原因和位置等因素综合确定对应的处置措施及处置方法。

（5）塌方处置应按小塌方、中塌方和大塌方采取不同的处置措施及方法。根据塌方体积或塌腔高度可将塌方分为小塌方、中塌方和大塌方三类。

小塌方是指塌方高度不大于3.0m或塌方体积小于$30m^2$的塌方。

中塌方是指塌方高度为3.0～6.0m或塌方体积为30～$60m^3$的塌方。

大塌方是指塌方高度为不小于6.0m或塌方体积不小于$60m^3$的塌方。

### （二）塌方处置措施

1. 小塌方处置措施

（1）小塌方处置前应全面掌握塌方的原因，从而制定合理的对策，及时处理，防止小塌方发展成为中塌方或大塌方。

（2）小塌方的处置方案。

①首先明确塌方影响范围内的初期支护的受力状态，是否有变形和开裂等现象。

②如影响范围内的初期支护有变形和开裂情况，应首先对影响范围内的初期支护进行加强，一般采取增设径向锚杆和挂网喷射混凝土即可，对变形大的地方应考虑采用小导管注浆或增设工字钢。

③对开挖掌子面进行封闭加固。为防止塌方的扩大，待塌方体相对稳定后，立即对塌体掌子面进行加固。一般掌子面可以采用喷锚防护等措施。

④对塌腔面进行封闭加固。塌腔表面采用喷射混凝土封闭，喷射混凝土厚度不宜小于15cm，有条件的情况下可以沿塌腔表面打设锚杆或小导管注浆，稳定塌腔上部围岩。

⑤塌方段可采取先施作初期支护保护壳以后再作二次衬砌。

⑥二次衬砌完成后再向塌腔内采用C25泵送混凝土充填。

2. 中塌方处置措施

（1）中塌方处置前应全面掌握塌方的原因，从而制定合理的对策，及时处理，防止中塌方发展成为大塌方。

（2）中塌方的处置方案。

①掌子面加固。为防止塌方的继续发展，待塌方体相对稳定后，立即对塌方体掌子面进行加固。一般可以采用洞渣回填反压、止浆墙、中空锚杆或小导管注浆等措施加固。

②对塌方影响段处理。为防止塌方向已做好初期支护的段落延伸，应及时对塌方影响段进行锁口处理。一般可以采用临时钢支撑、支撑木垛、沙袋堆载封闭坍塌体，或采用径向小导管注浆、钢筋网喷射混凝土等措施对坍塌体影响段的初期支护进行综合加固。

③塌方段的处理。塌方段的处理宜采用"护拱法"。首先观察塌方的规模和大小，清除塌腔表面的危岩，并在塌腔内出水口安设排水管，将水引至隧道纵向排水沟；然后对塌腔表面尽可能采用喷射混凝土封闭，厚度不宜小于15cm，有条件的情况下可以沿塌腔表面打设锚杆或小导管注浆，稳定塌腔上部围岩。

④塌方段的开挖和支护。采用大管棚、超前小导管、超前锚杆等措施进

行超前支护，采用分部开挖、短进尺的方式，变大断面为小断面进行开挖掘进，及时施作强有力支撑，采用工字钢支护，每次2~3榀，当两侧壁有稳定岩层时，工字钢底部可以采用锚杆锁脚，锚杆进入稳定岩层不小于1.5m，当两侧壁无稳定岩层时，应设置中空注浆锚杆或注浆小导管进行锁脚，长度一般不宜小于4.5m，一般数量不少于3根。在二次衬砌浇筑完成后，浇注混凝土护拱，护拱厚度不宜小于1.5m，并预留混凝土泵管和注浆管，并以此推进，待通过塌方体后，且待护拱达到强度的80%后，采用吹沙的方式（厚度一般为1m左右）。作为缓冲层，压力一般不大于1MPa。塌方处理好后逐步往前开挖。塌方段的开挖和支护应坚持"短进尺、少扰动、弱爆破、快封闭、勤量测"的指导方针，渡过塌方段后的施工应严格按照设计图纸施工超前支护，并做加强，避免再次塌方

3. 大塌方处置措施

根据大塌方是否贯通地表，将大塌方按冒顶型大塌方和非冒顶型大塌方进行分别处置。冒顶型大塌方一般发生在洞口和洞身浅埋段，非冒顶型大塌方一般发生在埋深较大的地段。

（1）冒顶型大塌方的处置方案。

①地表预处理。地表预处理宜在塌坑周围设置截排水沟，并对裂缝和塌坑进行封闭，裂缝封闭可采用M30水泥砂浆，喷混凝土，塌坑封闭一般采用彩条布覆盖或搭设遮雨棚，防止地表水直接流入塌腔，使坍塌进一步下陷。对于地层非常松散且塌方区域较大的地段可以考虑采用地表注浆的方式先对地表进行加固。

②掌子面加固。为防止塌方继续发展，应立即对塌体掌子面进行加固。一般可以采用洞渣回填反压、止浆墙、支撑木方、沙袋堆载封闭坍塌体。

③对塌方影响段处理。为防止塌方向已做好初期支护的段落延伸，掌子面稳定后应及时对塌方影响段进行处理。一般可以根据受影响程度，采用工字钢、径向小导管注浆、钢筋网喷射混凝土等措施进行综合加固。

④塌方段的预处理。塌方段的处理宜采用超前大管棚、超前小管棚、超前小导管预注浆，以及超前自进式锚杆等超前预支护措施。大管棚是采用$\varphi$108mm的钢管内设钢筋笼，并在管内注满砂浆。当大管棚注浆对塌体加固效果不理想时，可以结合超前小导管超前注浆进行联合超前预支护。

⑤塌方段的开挖和支护。塌方段的开挖宜采用上下台阶留核心土、先拱后墙或侧壁导坑法的方式开挖。开挖不应采用爆破开挖，宜采用半人工开挖，每循环进尺 0.5~1.0m，施作上半断面工字钢，当两侧壁有稳定岩层时，工字钢底部可以采用锚杆锁脚，锚杆进入稳定岩层不小于 1.5m，当两侧壁无稳定岩层时，应设置中空注浆锚杆或注浆小导管进行锁脚，长度一般不宜小于 4.5m；塌方段的开挖和支护应坚持"管超前、短进尺、少扰动、弱爆破、快封闭、勤量测"的指导方针。

⑥地表处理。洞内处理好后，回填地表塌坑，并进行夯实，并在其上喷 20cm 厚 C20 早强混凝土将塌方体封闭，保持地表塌方体的稳定。

(2) 非冒顶型大塌方的处置方案。

①对浅埋段大塌方应首先检查地表裂缝及变形情况。如有裂缝，对裂缝应进行封堵；如有塌坑，应对塌坑进行回填封闭，并做好周边的截排水措施。

②掌子面加固。为防止塌方的继续发展，待塌方体相对稳定后，立即对塌体掌子面进行加固。一般可以采用洞渣回填反压、止浆墙、中空锚杆或小导管注浆等措施加固。

③对塌方影响段处理。为防止塌方向已做好初期支护的段落延伸，掌子面稳定后应及时对塌方影响段进行处理。一般可以根据受影响程度，采用工字钢、径向小导管注浆、钢筋网喷射混凝土等措施进行综合加固。

④塌方段的处理。塌方段的处理宜采用"护拱法"。首先在靠近塌腔位置安设横向和纵向钢支撑，稳定靠近塌腔位置围岩体；逐渐往塌腔靠近，观察塌方的规模和大小，清除塌腔表面的危岩，并在塌腔内出水口安设排水管，将水引至隧道纵向排水沟；然后对塌腔表面采用喷射混凝土封闭，有条件的情况下可以沿塌腔表面打设锚杆或小导管注浆，稳定塌腔上部围岩。

⑤塌方段的开挖和支护。逐步短进尺开挖塌方体的上台阶，并施作工字钢，每次 2~3 榀，当两侧壁有稳定岩层时，工字钢底部可以采用锚杆锁脚，锚杆进入稳定岩层不小于 1.5m，当两侧壁无稳定岩层时，应设置中空注浆锚杆或注浆小导管进行锁脚，长度一般不宜小于 4.0m。然后在塌腔内施作钢支撑，稳定塌腔，最后用钢筋混凝土护拱，并在护拱上设置缓冲层，按此方法逐步推进。塌方段的开挖和支护应坚持"短进尺、少扰动、弱爆

破、快封闭、勤量测"的指导方针，渡过塌方段后的施工应严格按照设计图纸施工超前支护，并做加强，避免再次塌方。

（3）当非冒顶型大塌方完全封闭塌腔，且距隧道拱顶有较大高度，但塌腔与塌顶有空洞时，应按冒顶型大塌方的处置措施进行处置，但必须首先对空洞进行注浆或注砂处理。

# 第五节　隧道工程的施工质量控制与安全施工

## 一、施工质量控制

### (一) 施工准备阶段的质量控制

施工准备阶段的质量控制是指项目正式施工活动开始前，对各项准备工作及影响质量的各因素和有关方面进行的质量控制。施工准备是为保证施工生产正常进行而必须事先做好的工作，而且贯穿整个施工过程中。

1. 技术资料、文件准备的质量控制

（1）施工项目所在地的自然条件及技术经济条件调查资料。地形与环境条件、地质条件、地震级别、工程水文地质情况、气象条件，以及当地水、电、能源供应条件，交通运输条件，材料供应条件等。

（2）施工组织设计。施工组织设计是指导施工准备和组织施工的全面性技术经济文件。

（3）工程测量控制资料。施工现场的原始基准点、基准线、参考高程及施工控制网等数据资料，是施工之前进行质量控制的一项基础工作，这些数据资料是进行工程测量控制的重要内容。

2. 设计交底和图纸审核的质量控制

（1）设计交底。由设计单位组织向有关人员交底。图纸审核的主要内容包括：

①对设计者的资质进行认定。

②设计是否满足抗震、防火、环境卫生等要求。

③图纸与说明是否齐全。

④图纸中有无遗漏、差错或相互矛盾之处，图纸表示方法是否清楚并符合标准要求。

⑤地质及水文地质等资料是否充分、可靠。

⑥所需材料来源有无保证，能否替代。

⑦施工工艺、方法是否合理，是否切合实际，是否便于施工，能否保证质量要求。

⑧施工图及说明书中涉及的各种标准、图册、规范、规程等，施工单位是否具备。

3.采购质量控制

采购质量控制主要包括对采购产品及其供方的控制，制定采购要求和验证采购产品。

（1）物资采购。采购物资应符合设计文件、标准、规范、相关法规及承包合同的要求，如果项目部另有附加的质量要求，也应予以满足。

对于重要物资、大批量物资、新型材料以及对工程最终质量有重要影响的物资，可由企业相关部门对可供选用的供方进行逐个评价，并确定合格供方名单。

（2）采购要求。采购要求包括：有关产品的质量要求或外包服务要求；有关产品提供的程序性要求，如供方提交产品的程序；供方生产或服务提供的过程要求；供方设备方面的要求；供方人员资格的要求；供方质量管理体系的要求。

（3）采购产品验证。采购产品的验证有多种方式，如在供方现场检验、进货检验，查验供方提供的合格证据等。组织应根据不同产品或服务的验证要求规定验证的主管部门及验证方式，并严格执行。

## （二）施工过程质量控制

质量控制是贯彻全过程的质量控制，重点是对工序质量进行控制。

1.开挖作业控制要求

（1）洞口开挖。洞口段施工，应根据地质条件及保障施工安全等因素，选择开挖方法和支护方法，并符合下列规定。

①不良地质地段应在进洞前对地表、仰坡进行防护，并施作超前支护。

②洞口邻近建筑物时，应采取微振动控制爆破，并对建筑物下沉、倾斜、裂缝以及振动等情况做必要的监测，确保隧道施工和建筑物的安全。

③洞口段开挖应加强支护，开挖后应尽快施作锚杆、喷射混凝土、敷设钢筋网或钢支撑等，并尽早施作衬砌。

④加强对地表下沉、拱顶下沉的监控量测，适当增加量测频率。

（2）明洞开挖。明洞地段的土石方开挖应符合下列要求。

①开挖方式以及边坡和仰坡的坡度应根据地形、地质条件、边仰坡稳定程度和采用的施工方法确定。

②石质地段开挖时，应防止爆破影响边坡和仰坡的稳定。

③松软地层开挖时，宜边支护边开挖。

④开挖的土石方应弃置在不影响边坡及其他建筑物稳定的地方。

⑤不宜在雨季施工，当必须在雨季施工时，应加强防护，随时监测、检查山坡稳定情况。

（3）洞身开挖。隧道施工方法应根据地质、覆盖层厚度、结构断面及地面环境条件等，经过经济、技术比较后确定。隧道开挖断面应以衬砌设计轮廓线为基准，考虑预留变形量、测量贯通误差和施工误差等因素，可适当加大。

其中线和高程必须符合设计要求，每一开挖循环必须检查一次，所用的仪器可以是激光断面仪、全站仪、经纬仪、水准仪等仪器。隧道开挖预留变形量应根据围岩级别、隧道宽度、埋置深度、施工方法和支护情况等采用工程类比法确定。

（4）隧道底开挖。隧道底开挖底部高程应符合设计要求。隧道底范围围岩局部突出每平方米内不应大于 $0.1m^2$，侵入断面不大于5cm。每一开挖循环须检查一次。

边墙基础及隧道底地质情况应满足设计要求，基底内无积水、浮渣。当隧道底需要进行加固处理时，应符合设计要求。

隧道底轮廓符合设计要求，允许最大平均超挖值为10cm，每一开挖循环须用仪器检查一次。

（5）钻爆开挖。岩石隧道的爆破作业，应采用光面爆破或预裂爆破，光面爆破和预裂爆破参数应通过试验确定。

隧道爆破应选用适当的炸药品种和型号，并应采用导爆管或电力起爆，不宜采用火花起爆。在漏水和涌水的工作面以及有杂散电流、感应电流、高压静电等危险因素不能彻底清除时，应采用导爆管起爆。光面爆破宜采用低密度、低爆速、低猛度或高爆力的炸药。

钻爆作业必须按照钻爆设计进行钻眼、装药、接线和起爆。

2. 装渣运输质量控制要求

运输方式分为无轨式和有轨式，应根据隧道长度、开挖方法、机具设备、运量大小等确定。

(1) 有轨运输作业应符合下列规定。

①机动车牵引不得超载。

②车辆装载高度不得大于斗车顶面 40cm，宽度不得大于车宽。

③列车连接良好，机车摘挂后调车、编组和停留时应备有制动装置。

④车辆在同方向行驶时，两组列车的间距不得小于 60m，人推斗车的间距不得小于 20m。

⑤轨道旁临时堆放的材料，距钢轨外缘不得小于 50cm，高度不得大于 100cm。

⑥长隧道施工上下班的载人列车应制定保证安全的措施。

(2) 无轨运输作业应符合下列要求。

①单车道净宽不得小于车宽加 2m，双车道净宽不得小于 2 倍车宽加 2.5m。

②施工作业地段的行车速度不得大于 10km/h，成洞地段不得大于 20km/h。

3. 隧道支护施工质量控制要求

隧道支护施工分预支护与开挖后支护两种。预支护有超前管棚、帷幕注浆、超前锚杆等形式，其主要目的是通过采用一定的技术措施，提高隧道围岩的稳定性，并利用超前支护取得一定的防水效果。开挖后支护是在围岩较为稳定的情况下，为保持围岩经扰动后的稳定性，根据新奥法原理，采用喷射混凝土、锚杆、钢支撑、钢格栅等支护形式。

支护作业必须编制支护作业指导书，作业时必须按照作业指导书要求规范操作。

4. 衬砌施工质量控制要求

隧道衬砌的质量控制主要注意以下几方面。

（1）加强开挖过程的围岩调查，需变更设计时，设计单位及时变更，施工单位必须按变更设计施工。

（2）精心施作光面爆破，减少超挖，超挖部分在一定范围内应采用喷护回填。

（3）复合式衬砌的注浆，应分初期支护压浆和二次衬砌压浆，二次衬砌压浆采用预埋管的方式，以免损坏防水板。

（4）重视施工监控量测，并将变形情况及时通知设计单位。

5. 隧道防排水施工质量控制要求

（1）防水板的悬架质量控制。对于防水板的铺设，设计一般采用射钉枪打入水泥钉悬架防水板，但在实施过程中要求采用电锤打眼（8~10mm），打入木楔子替代水泥钉悬架防水板的方法，这种方法不仅成本较低、施工安全，且悬架防水板比较可靠，木楔外露长度容易控制，不用担心戳通防水板造成漏水现象，可推广使用。

（2）防水板的焊接质量控制。过去防水板焊接一般采用热风机和电烙铁，焊接质量较难保证，虽然采用了双焊缝，仍然难以保证焊缝不渗漏。现在强制采用爬焊机焊接，自动形成双焊缝，从工艺上保证了焊接质量。根据现场抽样检验的结果看，凡使用爬焊机焊接的焊缝，充气试验一般都能满足检验标准的要求，爬焊机焊接防水板质量比较稳定，效果较好。

（3）止水带安装质量控制。水平施工缝和环向施工缝，均采用止水带（止水条）防水工艺设计，止水条施作比较简单，而止水带的安装相对较难，在埋设水平施工缝处的止水带时，要求间隔50~100cm加一个$\varphi$6.5mm盘条自制的钢筋卡固定止水带，以防浇筑边墙混凝土时垂直下坠的混凝土压倒止水带，使止水带失效，造成水平施工缝渗水。在埋设环向止水带时，同样采用$\varphi$6.5mm盘条制成L形钢筋卡，将止水带和钢筋卡固定在端模板上，拆端模板时将止水带撬出来，确保止水带安装的准确定位和质量。

（4）仰拱施工缝防水质量控制。隧道工程仰拱施工缝在设计时，一般未考虑防水措施，施工时如果处理不慎，将造成施工缝渗水，给运营和维修带来麻烦，特别是高速公路隧道对路面的要求更高，如果路面渗水，很可能造成行车事故。因此，在施工时对施工接缝的特殊要求，除了满足规范规定的施工接缝处理方法中的要求外，还要满足仰拱施工缝（横向、纵向）与铺底施工缝必须错开50cm以上的要求。

## 二、施工安全控制

安全生产是工程建设的基础性工作，是保证正常生产的重要举措。现代工程建设超常规的发展，导致劳务整体素质下降，重效益、轻安全，忽视安全生产教育培训，安全技术措施的制定不完善，安全设施投入不足，安全生产检查、监督、整改不到位，施工现场事故隐患增多，伤亡事故时有发生。针对这种情况国务院及建设部颁布了一系列法律法规，对工程施工实行了强制性规定，有效地遏制了施工过程中的不安全因素。搞建设必须抓安全，搞安全必须依照安全法规的各项基本要求，一丝不苟地彻底执行。

隧道工程的安全控制包括安全组织管理和安全技术管理。安全组织管理包括安全目标管理、安全生产检查、隧道施工爆破作业的安全管理；隧道内运输的安全管理、隧道施工支护的安全管理、隧道施工衬砌的安全管理；隧道施工中通风、防尘、照明、排水及防水、防火、防瓦斯的安全管理，以及安全事故处理。

# 第六节 隧道工程质量通病及防治措施

## 一、隧道水害的防治

### （一）原因分析

1.隧道穿过含水的地层

（1）砂类土和漂卵石类土含水地层。

（2）节理、裂隙发育，含裂隙水的岩层。

（3）石灰岩、白云岩等可溶性岩的地层，当有充水的溶槽、溶洞或暗河等与隧道相连通时。

（4）浅埋隧道地段，地表水可沿覆盖层的裂隙孔洞渗透到隧道内。

2.隧道衬砌防水及排水设施不完善

(1)原建隧道衬砌防水、排水设施不全。

(2)混凝土衬砌施工质量差，蜂窝、孔隙、裂缝多，自身防水能力差。

(3)防水层(内贴式、外贴式或中间夹层)施工质量不良或材质耐久性差，经使用数年后失效。

(4)混凝土的工作缝、伸缩缝、沉降缝等未做好防水处理。

(5)既有排水设施，如衬砌背后的暗沟、盲沟，无衬砌的辅助坑道、排水孔、暗槽等，年久失修，造成阻塞。

### (二) 防治措施

(1)因势利导，给地下水以可排走的通道，将水迅速地排到洞外。

(2)将流向隧道的水源截断，或尽可能使其水量减少。

(3)堵塞衬砌背后的渗流水，集中引导排出。

(4)合理选择防水材料，严格施工工艺。

## 二、隧道衬砌病害的防治

### (一) 隧道衬砌腐蚀病害

1.原因分析

(1)隧道衬砌物理性腐蚀。

①冻融交替冻胀性裂损：在寒冷和严寒地区，由于普通混凝土是一种非均质的多孔性材料，其毛细孔、施工孔隙和工作缝等，易被环境水渗透。因此，充水的混凝土衬砌部位，受到反复的冻融交替冻胀破坏作用，产生和发展冻胀性裂损病害，造成混凝土裂损。

②干湿交替盐类结晶性胀裂损坏：渗透到混凝土衬砌表面毛细孔和其他缝隙的盐类溶液，在干湿交替的条件下，由于低温蒸发浓缩析出白毛状或梭柱状结晶，产生胀压作用，促使混凝土由表及里，逐层破裂疏松脱落。常见在边墙脚高1m、混凝土沟壁、起拱线接缝和拱部等处裂缝呈条带状，局部渗水处成蜂窝状腐蚀成孔洞，露石、骨料分离、疏松，用手可掏渣。干湿交替盐类结晶性胀裂损坏会造成混凝土或不密实的砂石衬砌和灰缝起白斑、

长白毛，逐层疏松剥落。沿渗水的裂缝和局部麻面处，呈条带状和蜂窝状腐蚀成凹槽和孔洞，深 10 ~ 25cm。

（2）隧道衬砌化学性腐蚀。

①硫酸盐侵蚀：水中的浓度过高时，与水泥石中的 $Ca(OH)_2$ 发生反应，生成石膏。石膏体积膨胀，形成混凝土物理性的破坏。浓度低时，铝酸三钙与 $Ca(OH)_2$ 共同作用，生成硫铝酸盐晶体，体积较原来增大 2.5 倍，产生巨大的内应力，破坏混凝土。

②镁盐侵蚀：水中含 $MgSO_4$、$MgCl_2$、镁盐与水泥石中的 $Ca(OH)_2$ 发生反应，形成 $CaSO_4$ 产生硫酸盐侵蚀，形成的 $CaCl_2$ 易溶于水而流失，形成的 $Mg(OH)_2$ 胶结力很弱，易被渗透水带走。

③溶出性侵蚀（软水侵蚀）：水中 $HCO_3^-$ 含量过少，在渗透水的作用下，混凝土中的 $Ca(OH)_2$ 随水陆续流失，使得溶液中的 $CaO_2$ 浓度降低。

④碳酸盐侵蚀：水中的 $CO_2$ 含量过高，超过了与 $Ca(HCO_3)_2$ 平衡所需的 $CO_2$ 数量。在侵蚀性 $CO_2$ 的作用下，混凝土表层的 $Ca(HCO_3)_2$ 溶于水中。

⑤一般酸性侵蚀：水中含有大量 $H^+$，各种酸与 $Ca(OH)_2$ 作用后，生成相应的钙盐。以上几种腐蚀有时是同时发生的。

2. 预防措施

（1）坚持以排为主，排、堵、截并用，综合治水。

（2）用各种耐腐蚀材料敷设在混凝土衬砌的表面，作为防蚀层。

（3）在各种腐蚀病害较为严重的地段，除采取排水降低水压外，同时可采用抗侵蚀材料作衬砌，使防水、防蚀设施与结构合为一体。

（4）在隧道的伸缩缝、变形缝和施工缝都设置止水带，从而达到防蚀的目的。

**（二）隧道衬砌裂缝病害的防治**

1. 原因分析

施工时，受技术条件限制、方法不当、管理不善，造成工程质量不良。如先拱后墙法施工时，拱架支撑变形下沉，造成拱部衬砌产生不均匀下沉，拱腰和拱顶发生施工早期裂缝。对Ⅳ级以下的围岩，过去通常采用先拱后墙（上下导坑）施工方法，由于工序配合不当、衬砌成环不及时、落中槽挖马口时拱部衬砌悬空地段过长、拱架支撑变形下沉等原因，都容易造成拱部衬砌产生不均匀下沉，导致拱腰和拱顶衬砌发生施工早期裂缝。拱顶与围岩不密贴，在"马鞍形"受力作用下，拱腰内移张裂，相应拱顶上移，内缘受挤压。模筑混凝土衬砌拱背部位常出现拱顶衬砌与围岩不密贴的空隙，由于不及时压浆回填密实，就形成拱腰承受围岩较大荷载，而拱顶一定范围空载，这种常见的与设计拱部荷载不相符、对拱部衬砌不利的"马鞍形"受力状态，正是导致拱腰内移张裂、相应拱顶上移、内缘受挤压等常见病害产生的荷载条件。由于施工测量放线发生差错、欠挖、模板拱架支撑变形、塌方等原因，而在施工中又未能妥善处理，造成局部衬砌厚度偏薄。过早拆除模板支撑，使衬砌承受超容许的荷载，易发生裂损。施工质量管理不善，混凝土材料检验不力，施工配合比控制不严，水灰比过大，混凝土捣实质量不佳，拱部浇注间歇施工形成水平状工作缝等，造成衬砌质量不良，降低承载能力。

2. 预防措施

（1）设计时应根据围岩级别、性状、结构等地质情况，正确选取衬砌形式及衬砌厚度，确保衬砌具有足够的承载能力。

（2）施工过程中发现围岩地质情况有变化，与原设计不符时，应及时变更设计，使衬砌符合实际需求；欠挖必须控制在容许范围内。

（3）钢筋保护层必须保证不小于3cm，钢筋使用前应做除锈、清污处理。

（4）混凝土强度必须符合设计要求，宜采用较大的骨灰比，降低水灰比，合理选用外加剂。

（5）确定分段灌筑长度及浇筑速度；混凝土拆模时，内外温差不得大于20℃；加强养护，混凝土温度的变化速度不宜大于5℃/h。

（6）衬砌背后如有可能形成水囊，应对围岩进行止水处理，根据设计施作防水隔离层。

（7）衬砌施工时应严格按要求正确设置沉降缝、伸缩缝。

## 三、隧道超欠挖的防治

### （一）原因分析

1. 测量放样错误或误差较大

因隧道内照明条件较差、视野不清晰、能见度差，测量放样人员进入隧道内测量画线，前后视点照准困难导致误差或错误，这种误差通常在20cm左右。致使掌子面偏移，隧道外轮廓偏离，从而产生超欠挖。

2. 钻孔操作台架就位不准确

指台架各层平台设置不合理，尤其是顶层平台预留空间过大或过小，使得钻孔操作困难，周边炮眼尤其是拱顶部位炮眼外插角度难以控制，造成拱顶大量超挖或较大面积的欠挖。

3. 司钻工操作不熟练

部分司钻工只考虑开孔容易、操作方便而不在标定位置打眼，钻孔眼位不正确，特别是周边眼距控制不好；或钻杆外插角控制不好；或钻孔眼底深浅不一，眼底不在同一平面位置，导致超欠挖严重。这种情形多发生在拱顶、边墙底部、仰拱等部位。

4. 装药量及装药结构不合理

施工人员不按设计的装药结构装药，错误地认为加大药量可以提高炮眼利用率，能得到较好的爆破效果，为了使超挖得到控制而盲目减少装药量，从而导致了大量的超挖或使得欠挖较多。

5. 爆破网路连接不规范

隧道爆破通常均采用分段起爆，为了使隧道轮廓平整，采用光面爆破，周边炮眼应使用同段雷管，同时起爆。在实际工作中，由于施工人员的失误，检查不仔细，会产生如下问题。

（1）遗漏某孔引线。

（2）网路簇联的接头处连接不紧密。

（3）簇联结内忘记安放引爆雷管。

（4）网路中有的引线打结、缠绕、折断。

（5）一个结上簇联的引线过多。

（6）各孔内安放雷管段位错误等，爆破未能按设计的次序起爆或拒爆，导致欠挖较大。

6. 其他原因

围岩节理发育，层面倾角小，爆后拱顶呈方形塌落，而未能形成弧形，也会产生超挖。

**(二)预防措施**

1.提高对超欠挖问题的认识

隧道的钻爆开挖对工程的安全、质量和进度有着重大的影响。超挖过多，出渣运输量和衬砌混凝土回填量增加，提高了工程造价，造成严重的浪费。局部超挖严重，还会产生围岩应力集中问题，带来安全隐患。而欠挖的情形就更差了。欠挖须采取补炮措施，由于欠挖大多在30cm左右，顺帮开挖通常会造成局部超挖，除超挖的不利外，还可能会二次扰动围岩，在围岩较差时更会引起坍塌。欠挖如果处理不当，会对隧道的安全、进度和质量带来不利的影响。

2.加强施工单位的工程管理

目前，施工企业均进行工效挂钩制，采取工程承包制度。各班组也相应进行工效挂钩，掘进组只考虑局部利益，不考虑超挖的运输、回填造成的浪费，由于欠挖费工费时，后一工班不愿去处理前一工班的欠挖，互相推诿等，这为工程施工带来了不利因素。在施工管理上应当将质量、进度、责任、义务和效益挂钩，加强对员工的职业道德教育和技术素质培养，提高操作人员的操作技术水平，加强企业自检，严格要求，力求按施工技术规范施工，减少超欠挖。

3.重视钻爆设计

在每茬炮爆破后，认真分析爆破结果，并结合围岩的变化情况，及时修正钻爆设计参数，以求达到良好的爆破效果。钻爆设计中，对掏槽眼、辅助眼、周边眼的布置和数量，眼孔深度与角度，各眼孔的装药量及装药结构，起爆次序，网路连接等细节均应进行周密考虑。为减少隧道的超欠挖，应采取光面爆破、预裂爆破或缓冲爆破等技术，它能最大限度地使开挖面符合设计轮廓线，同时减轻对围岩的扰动。在爆破设计时，尤其要重视周边眼的布置及装药、起爆次序等。周边眼对保证开挖面平滑度，使开挖与设计轮廓线一致来说是非常重要的。实际上应将平滑度作为衡量超欠挖的重要指标，为此采取以下措施。

(1)应合理选择周边眼的眼距及周边眼的最小抵抗距。当隧道断面小或围岩软弱破碎时，眼距应取较大的值。周边眼的抵抗线应大于周边眼距，两者之比保持在 1.2 ~ 1.3 比较好，在围岩差时，抵抗线应取较大的值。

（2）应严格控制周边眼的药量，并采用合理的装药结构。可以使用小直径药包，低爆速炸药，采取空气间隔装药或方向性水压控制爆破方法（ABS）等装药结构。

（3）适当增加开挖断面底部两隅处辅助眼的药量，消除爆破死角，减少角隅处的欠挖。

（4）爆破次序与爆破网路设计也是很重要的，前炮应为后炮创造较好的临空面。一般雷管应跳段使用，目前采用的 15 段毫秒雷管在隧道断面较大时效果不太好，可以考虑采用 20 段毫秒雷管，效果更好。周边眼一般应同时起爆，即采用同段雷管，围岩差时可分部同时起爆。网络连接应可靠、合理、有效。

4. 注意钻爆作业工序

在钻爆作业中应严格按照钻爆设计进行钻眼、装药、连接和引爆。

①从严要求钻孔精度。应达到：孔眼口间距误差不大于 5cm；周边眼外斜度不大于 5cm；眼底平面误差不大于 10cm，但掏槽眼应比其他眼深 10cm 左右。

②装药前应将孔内的水、泥浆、石屑等杂物吹干净后，按设计的药量和装药结构装药，并堵塞良好。

③应按设计的爆破次序安放各段位的毫秒雷管，并检查无误。

# 第五章　公路工程项目施工过程管理

## 第一节　公路施工过程及组织原则

### 一、公路施工过程及层次划分

#### (一) 施工过程分类

公路施工过程是生产的过程，是劳动者利用劳动工具，作用于劳动对象，使其按预定目标形成社会所需产品的过程。它由一系列相互关联的施工活动所组成。施工过程的基本内容主要是劳动过程，在某些施工情况下，还包含自然过程，如水泥混凝土路面的自然养生、沥青路面的成型等。此时，施工过程就是劳动过程和自然过程的结合，是互相关联的劳动过程与自然过程的全部生产活动的总和。根据各种活动在性质上以及对产品所起的不同作用，施工过程有不同类别。

（1）施工准备过程。施工准备过程是指产品在进行生产前所进行的全部生产技术和现场的准备过程，如工程项目的勘察设计、设计文件准备、招标投标工作、施工准备等。

（2）基本施工过程。基本施工过程是指直接为完成产品而进行的生产活动，如涵洞开挖、砌基础、路基填筑、路面摊铺等。

（3）辅助施工过程。辅助施工过程是指为保证基本施工过程的正常进行所必需的各种辅助生产活动，如动力（电、压缩空气等）的生产、机械设备维修、材料采集与加工等。

（4）施工服务过程。施工服务过程是指为基本施工和辅助施工服务的各种服务工作过程，如原材料、半成品、工具、燃料的供应与运输等。

### (二) 工程项目的划分

公路工程的施工组织，必须研究施工过程的组成，以适应施工组织、计划、管理等工作的需要。按照现行的公路工程概预算编制办法，将公路工程划分为临时工程、路基工程、路面工程、桥梁涵洞工程、交叉工程、隧道工程、公路设施及预埋管线工程、绿化及环境保护工程、管理养护及服务等分项工程。相应于各个分项工程，又划分为若干目。例如，在桥涵分项工程中，按工程性质与结构的不同，分为漫水工程、涵洞工程、小桥工程、中桥工程、大桥工程、特大桥工程六个目。目根据需要可划分为若干个节，节也可以再划分为几个细目。

例如，"挖土方"这个节，可划分为挖路基土方、挖改路土方、挖改河土方等几个细目。公路施工过程是由上述之项、目、节和细目所组成。

施工组织与管理工作，按上述项目可以总体安排，但更多情况下还要进一步划分。从施工组织的需要出发，公路施工过程原则上可依次划分如下。

（1）综合过程。综合过程是若干个在产品结构上密切联系的，能最终获得一种产品的施工过程的总和。如一座独立桥梁、一条隧道、一条路线工程等。

（2）施工段。施工段是由几个在技术上相互关联的工序所组成，可以相对独立地完成某一项细部工程或分部分项工程的独立过程，如整个路基工程、路面工程、桥梁基础工程等。

（3）工序。工序由若干个操作所组成。从施工流程看，工序在工作地点、施工工具、施工机械和材料等方面均不发生变化。如果上述因素中某个因素改变，就意味着从一道工序转入另一道工序。施工组织往往以工序为最基本对象。

（4）动作与操作。动作是指工人在劳动时一次完成的最基本的重要活动，若干个相互关联的动作组成操作。完成一个动作所耗用的时间和占用的空间是制定定额的原始资料。

以上划分，因工程性质及施工对象的复杂程度不同而具有相对性，并无统一划分的规定，实际工程中要以是否有利于科学进行施工组织与管理而定。

## 二、施工过程的组织原则

影响施工过程组织的因素很多，如施工性质、施工生产类型、建筑产品结构、材料及半成品性质、机械设备条件、自然条件等，导致施工过程的组织变化较多、困难较大。因此，科学合理地组织施工过程显得尤为重要，在符合国家现行法规、政策以及满足工程项目质量和安全的前提下，施工过程有以下组织原则。

### (一) 施工过程的连续性

连续性是指产品在施工过程中的各阶段、各工序在时间上的紧密衔接，不发生不合理的停滞现象，表现为劳动对象始终处于被加工状态，或者在进行检验，或者处于自然过程中。保持和提高施工过程的连续性，可以缩短建设工期，减少在制品数量，节省流动资金，可以避免产品在停放等待时可能引起的损失，对提高劳动生产率及节省工程造价具有很大意义。

### (二) 施工过程的协调性

施工过程的协调性也叫比例性，它是指产品施工各阶段、各工序之间，在施工能力上要保持一定的比例关系，各施工环节的工人数、生产效率、设备数量等都必须互相协调，不发生脱节和比例失调现象。协调性是保证施工顺利进行的前提，可使施工过程中人力和设备得到充分利用，避免产品在各个施工阶段和工序之间的停顿和等待，从而缩短施工周期。施工过程的协调性在很大程度上取决于施工组织设计的正确性。

### (三) 施工过程的均衡性

施工过程的均衡性又称节奏性，是指企业的各个施工环节都按照施工生产计划的要求，工作负荷保持相对稳定，不发生时松时紧、前松后紧的现象。均衡施工能充分利用设备和工时，避免突击赶工造成的各种损失，有利于保证施工质量、降低成本，有利于劳动力和机械的调配。

### (四) 施工过程的适应性

施工过程的适应性是指在工程施工过程中, 对由于各项内部或外部因素引起的变动情况具有较强的应变能力。这种是适应性要求建立信息迅速反馈机制, 注意施工全过程的控制与监督, 及时调整施工过程进度。

### (五) 施工过程的经济性

施工过程组织除满足技术要求外, 必须讲究经济效益。上述施工过程的连续性、协调性、均衡性和适应性, 最终都要通过经济效果集中反映出来。

上述合理组织施工过程的五个原则是相互制约、互为条件的, 在实际进行施工组织时, 必须保证全面符合上述五个原则的要求, 不可偏重某一方。

# 第二节　施工过程的组织方法

公路施工是在一定的空间与时间范围内进行的。空间范围只承担施工任务的施工单位在空间上所占据的工作地点; 时间范围是指施工单位为完成施工任务在时间上所进行的安排。但是, 施工过程组织不仅要求在空间上合理设置生产作业单位, 进行合理布局, 而且要在时间上进行合理、科学的组织安排。公路工程项目的施工过程组织包括时间组织、空间组织和资源组织等方面, 由于时间组织是施工组织设计必须解决的基本问题, 时间变化影响施工工期, 因此研究时间变化规律对工程施工的影响成为首要问题。

## 一、施工过程的空间组织

施工过程的空间组织, 主要解决施工生产单位的组织机构设置、人员的配备以及具体工程项目的各种生产、生活、运输、行政等临时设施的空间分布问题。空间组织具体成果为施工平面图设计, 即根据施工过程空间组织的原则, 对施工过程所需的工艺路线、施工设备、原材料堆放、动力供应、场内运输、半成品生产、仓库、料场、生活设施等进行空间(平面)的科学规划与设计，并以平面图的形式加以表达，在此主要介绍生产作业单位设置问题。

一个建设项目的施工作业单位如施工队(项目经理部)、工段(工区)、班组等的设置通常按下列原则确定。

### (一) 工艺原则

工艺原则也叫工艺专业化形式。它是按生产工艺性质的不同而设置施工作业单位的。在工艺专业化的生产单位里，集中同工种的工人和同工种所需的工具、机械和设备，对工程项目的各组成部分或其他有关工程项目进行同类工艺的施工。

这种设置形式的特点：充分发挥技术、机具、设备的潜力，设备投资较少，便于专业化的管理，在一定程度上满足多品种多规格生产的要求。但是，由于在工艺专业化的生产作业单位不能独立地生产产品，所以增加了生产单位之间协作配合关系的难度，施工组织也比较复杂。

### (二) 对象原则

对象原则也叫作产品专业化形式。它是按照产品(如分项工程、构件、分部工程等)的不同而分别设置生产作业单位。在产品专业化单位里，集中为生产某种产品所需的各种工具、设备，对同产品进行不同工艺的施工生产，其工艺过程基本上是封闭的，能够独立地生产出产品或半成品。

这种设置形式简化了作业单位之间的协作配合关系，也便于施工现场管理。但是它需要较多的设备投资、技术工人和机械设备，由于分散使用一般不能充分发挥工人和设备的生产潜力，对产品品种变化适应能力较差。

### (三) 混合原则

通常在一个建设项目中，根据工程特点或按照产品、工艺建立的不同而设置生产作业单位。

施工生产过程的空间组织中，究竟按哪一种原则来组建生产作业单位，要从实际需要出发，通过全面分析比较，择优而定。

## 二、施工过程的时间组织

### (一) 时间组织任务

施工过程时间组织任务是在施工时间上使各生产作业单位之间、各工序之间按设计和施工工艺顺序紧密衔接，在充分利用人力、工时和设备的条件下，达到缩短工期的目的。具体表现：①施工顺序的安排与施工方法、施工机具协调一致，符合施工质量的要求；②在施工时间安排上使各生产作业单位之间按设计的工作程序紧密衔接；③在符合工艺要求下，充分利用工时和机械设备等条件，使工序紧密衔接，尽量缩短工期；④合理安排影响施工全局的关键工程的施工顺序。

### (二) 时间组织表示方法

由于公路工程施工生产自身特点及其复杂性，在施工生产过程的时间组织表示方法上，为便于指导实际工程项目施工，满足简洁实用、直观方便的要求，最终用一种含有相关数据、各种信息的图标方式表达出来，这称之为工程施工计划进度图。目前，公路工程施工生产过程时间组织所采用的"工程施工计划进度图"主要有如下几种：

(1) 横道式工程施工进度图，也叫作横道图或甘特图 (包括带有进度曲线图的横道图)。

(2) 垂直坐标式工程施工进度图，也叫斜线图或坐标图。

(3) 网络图形式的工程施工进度图。

### (三) 时间组织类型

在施工过程中，把施工对象 (工程项目) 人为地划分成若干段 (有些是自然形成的)，这些段称为施工段。施工过程时间组织类型主要有以下三种。

(1) 单施工段多工序型。单施工段多工序型是指施工任务不能划分或不需要划分为若干施工段，而只有一个施工段，在这单一的施工段中含有多道工序的施工过程。

(2) 多施工段多工序型。多施工段多工序型是指施工任务可以划分为多个施工段，每个施工段又含有多道工序的施工过程。

（3）混合型。混合型是指在一个施工任务中，含有单施工段多工序型，又含有多施工段多工序型。

### (四) 时间组织基本作业方法

在施工过程中，根据作业单位对各施工段施工顺序的不同，时间组织有三种基本作业方法：顺序作业法、平行作业法、流水作业法。在进行公路施工组织设计时，这三种作业方法既可以单独运用，也可以综合运用。顺序作业法、平行作业法、流水作业法既可以用横道图表示，也可以用网络图表示。

1. 顺序作业法

当施工任务有若干个施工段时（人为划分或自然形成），完成一个施工段后，再去接着完成另一个施工段，依次按顺序进行，直至完成全部施工任务的作业方法。例如，多层结构型的路面工程，先后操作程序：路槽、底基层、基层、连接层、面层和路肩。石方爆破工程的施工顺序：打眼、装药、堵塞、引爆和清方等。其施工顺序选择除了取决于工艺要求外，还与施工组织安排相关。

2. 平行作业法

当施工任务有若干个施工段时，各个施工段同时开工、平行生产、同时完工的作业方法。在平行作业法中，施工任务含有多少个施工段，就相应组织多少个施工队。线形工程作业面很大，根据工程或技术的需要，可采用平行作业法组织施工。

3. 流水作业法

当施工任务有若干个施工段时，将不同施工段的同一工序交给专业施工队执行，各专业队依次在各个施工段上完成相同的工作内容，前一施工段上施工结束后转移至另一施工段，后一工序则由其他专业队继续执行，从而保证建设项目的施工全过程在时间和空间上实现有节奏、连续、均衡施工。

# 第三节　流水施工原理

## 一、流水作业基本原理与步骤

流水作业是一种比较先进的作业方法，它以施工专业化为基础，将不同工程对象的同一施工工序由专业施工队（组）操作，各专业队（组）在统一计划安排下，依次在各个作业面上完成指定的操作。前一操作结束后转移至另一作业面，执行同样操作，后一操作则由其他专业队继续执行。各专业队按大致相同的时间（流水节拍）和速度（流水速度），协调而紧凑地相继完成全部施工任务。流水作业要求工艺流程组织紧凑，有利于专业化施工，是现代化工业产品生产的基本组织形式。流水作业组织步骤如下。

（1）计划施工段。就是把劳动对象（工程项目）按自然形成或人为地划分成劳动量大致相等的若干段。例如，一个标段上有若干道小涵洞，可以把每一道小涵洞看作一个施工段，这就是自然形成了若干施工段。如果把一个标段的路线工程部分划分成 1km 一段，就属于人为地把劳动对象划分成若干施工段。

（2）划分工序。就是把劳动对象（工程项目）的施工过程，划分成若干道工序或操作过程，每道工序或操作过程分别按工艺原则建立专业班组，即有几道工序，原则上就应该有几个专业施工队。

（3）确定施工顺序。就是各个专业班组按照一定的施工顺序，依次连续地由一个施工段转移到下一个施工段，不断地完成同类施工。例如，路线的施工顺序是施工准备、施工放样、路基施工、路面施工等，各专业班组按照这样一个施工顺序，由一个施工段转移到下一个施工段，直至完成全部工程。

（4）施工段之间、工序之间连续作业，为了缩短工期，提高经济效益，减少施工人员和施工机械不必要的闲置时间，施工段上各相邻工序之间或本工序在相邻施工段之间进行作业的时间，应尽可能地互相衔接起来。

（5）绘制流水作业施工进度图（横道图）。

（6）确定流水作业施工工期。

## 二、流水作业的特点

流水施工的主要特点是生产的连续性和均衡性，是使各种物质资源均衡地使用，施工机构及其附属企业的生产能力充分发挥，劳动力得到合理的安排和使用，从而带来较好的经济效果。

### (一) 流水组织的特点

(1) 避免了施工期间劳动力的过分集中，从而减少临时设施工程量，节约基建投资。

(2) 由于实行工程队 (组) 生产专业化，为提高工人的技术水平和进行技术改造与革新创造了有利条件，促进劳动生产率和工程质量的不断提高。

(3) 在采用流水施工方法时，单位时间内完成的工程数量，对于机械操作过程是按照主导机械的生产能力来确定的；对于手工操作过程是以合理的劳动组织为依据确定的，因此保证施工机械和劳动力得到合理和充分利用。

(4) 消除了工作间的不合理中断，缩短了工期，从而降低了工程间接费用；保证了劳动力和资源消耗的均衡，各种资源得到充分利用，提高了劳动生产率和资源的使用率，减少了各种不必要的损失，从而降低了工程直接费用。

### (二) 组织流水施工时需要注意的问题

(1) 把劳动对象的施工过程划分为若干工序或操作过程，每个工序或操作过程分别由按工艺流程建立的专业班组来完成。

(2) 把一个劳动对象尽可能地划分为劳动量大致相等的若干施工段。

(3) 各个作业班组按照一定的施工顺序，携带必要的机具，依次连续地由一个施工段转移到另一个施工段，反复完成同类工作。

(4) 不同工种或同种作业班组完成工作的时间尽可能地互相衔接起来。

必须指出，流水施工法只是一种组织措施，它的使用可以带来很好的经济效果，而不要求增加任何的额外费用。现代化公路的发展除需要科学的组织措施外，还要依赖施工技术现代化，如建筑设计标准化、建筑结构装配化、构建生产工厂化、施工过程机械化、建筑机构专业化和施工管理科学化等。这些方面是密切联系、互为条件的，既是实现建筑工业化必不可少的重要措施，也是公路施工企业多、快、好、省地进行公路现代化建设的重要手段。

### 三、流水作业的主要参数

为了说明流水施工在时间和空间上的开展情况，必须引入一些描述流水作业特征和各种数量关系的量，这些量称为流水参数。按参数性质不同，可以分为工艺参数、时间参数、空间参数三类及充分流水条件。

#### (一) 工艺参数

任何一项施工任务的施工，都由不同种类和特性的工序组成，每一道工序都有其特定的施工工艺。在组织流水作业时，用施工过程数（工序数）与流水强度两个参数来表达流水作业施工工艺开展顺序及特征，这些参数为工艺参数。

#### (二) 时间参数

每一道工序的完成都要消耗时间。在组织流水作业时，用流水节拍、流水步距、时间间歇这几个时间参数来表达流水作业施工在时间排列上所处的状态，这些参数为时间参数。

#### (三) 空间参数

执行任何一项施工任务，都要占用一定范围的空间。在组织流水作业时，用工作面、施工段数这两个参数来表达流水作业施工在空间布置上所处的状态，这些参数为空间参数。

## 第四节　流水作业图

按流水作业图中的图形和线条形态及其所表达的内容可以分为以下几种：横线工段式、横线工序式、斜线工段式、斜线工序式。

## 一、流水作业的作图

流水作业的作图过程，是施工组织设计的过程，需要综合考虑各种因素，才能做出比较好的进度图。流水作业法的施工组织意图和内容通过流水作业图的形式表达出来。有关作图要点如下。

### (一) 开工要素

开工要素也称开工条件，每道工序开工时，必须具备工作面和生产力（施工班组、机械、材料等资源）两个开工要素，二者缺一不可。

### (二) 工序衔接原则

(1) 相邻工序之间及工序本身，应尽可能衔接，以取得最短施工工期。

(2) 工序衔接必须满足工艺要求和自然过程的需要。

(3) 尽量争取同工序在各施工段上能连续作业，并尽量使相邻不同工序在同一施工段上能连续作业。

(4) 图中的首工序和末工序，均可按需要采取连续作业或间歇作业。

### (三) 工序紧凑法流水作业组织

为了使流水作业图取得最短施工工期，在作图时，各相邻工序之间，尽量紧凑衔接，即尽量使所排工序向作业开始方向靠拢（一般向图的左端靠拢）。

### (四) 专业队在各施工段间连续作业的组织

在流水作业组织中，可使各个专业队在各施工段间连续作业，以避免"停工待面"和"干干停停"的现象，这样尽管不能保证工期最短，但有助于提高经济效益。

专业队实现连续作业，不等于施工工期最短，但施工工期最短，不等于不能实现连续作业，为了组织在施工期尽可能短的情况下，各施工专业队能在各个施工段间进行连续作业，必须确定相邻各专业队（相邻工序）间最小流水步距、最小流水步距可以用"数字错差法"确定。

数字错差法是先做错误的假设，即设各道工序（队组）在第一施工段上同时开工，分别求出各施工队组在各施工段上的完工时间，形成新的数列矩阵；前行数列向前（左）移一位，相对紧邻后一行数列向右移一位；对应两行数列相减，缺位补零，即可求出差值数列，其中最大差值即为流水步距。所谓"相邻工序（对组）每段节拍时间累加数列错位相减取大差"法。可以分为四个步骤：累加数列、错位相减、取大差、作进度图。

## 二、流水作业法总结

（1）流水作业法分别有节拍流水和无节拍流水两大类，根据流水节拍之间的相互关系，有节拍流水可以分为全等节拍流水、成倍节拍流水和分别流水。全等节拍流水是流水作业法中最理想的状态，完全能够实现连续、均衡而有节奏地施工。因此，创造条件按全等节拍流水组织施工是工程施工时间组织的一项重要任务。

（2）流水作业法施工工期可采用公式计算，也可采用作图法确定。求最小流水步距的通用方法是"数字错差法"。

（3）对于分别流水作业法和无节拍流水作业，当施工对象既划分施工段又划分施工层时，计算和施工进度安排都是十分烦琐的。如果采用网络计划法，将会更清楚、明了、简便。

# 第五节　网络计划技术

## 一、网络计划技术的特点

与传统的进度计划相比较，网络计划技术具有以下特点：①从工程整体出发，统筹安排，明确反映各工作之间的先后顺序，以及相互制约、相互依赖的关系；②通过时间参数的计算，能找出关键工作与非关键工作，以及各项工作的机动时间，管理人员能够从中抓住主要矛盾，采取技术措施进行有效控制与监督，通过合理安排人员、材料、机械等资源，降低成本，缩短工期；③网络计划可以进行优化比较，并通过优化，选取最佳方案；④可以通过计算机计算时间参数，从而提高管理效率。

## 二、网络计划的分类

### (一) 按性质分类

(1) 肯定性网络计划工作、工作之间的关系、工作持续时间都是肯定的。

(2) 非肯定型网络计划，工作、工作之间的关系、工作持续时间有一项或多项不肯定。各工作持续时间有三个值，即最长时间、最短时间、最可能时间。

### (二) 按节点和箭线含义分类

(1) 单代号网络计划节点表示工作，箭线表示工作之间的关系。

(2) 双代号网络计划箭线表示工作，节点表示工作的衔接瞬间。

### (三) 按有无时间坐标分类

(1) 按时标网络计划，以时间坐标为尺度绘制的网络计划，实箭线的长度表示该工作的工期。

(2) 非时标网络计划不按时间坐标为尺度绘制，实箭线的长度不表示该工作的工期。

### (四) 按层次分类

(1) 总网络计划以整个任务为对象编制。

(2) 局部网络计划以任务的某一部分为对象编制。

### (五) 按最终控制目标分类

(1) 单目标网络计划只有一个最终目标 (终点节点) 的网络计划。

(2) 多目标网络计划具有若干个独立的最终目标 (终点节点) 的网络计划。

### (六) 按工程复杂程度分类

(1) 简单网络计划工作数在 500 道以内的网络计划。

(2) 复杂网络计划工作数在 500 道以上的网络计划。

### (七) 按工作的衔接特点分类

(1) 普通网络计划工作关系按首尾衔接关系绘制。

(2) 搭接网络计划按各种搭接关系绘制。

(3) 流水网络计划能够反映流水施工的特点。

## 三、网络计划技术理论

### (一) 网络计划的原理及表示方法

1. 网络计划技术的基本原理

网络计划技术的基本原理如下：首先绘制工程施工网络图，以网络图来表达一项计划 (或工程) 中各项工作开展的先后顺序及其相互间的关系；其次通过计算找出计划中的关键工作及关键线路；再次通过不断改善网络计划，选择最优方案，并付诸实施；最后在执行过程中进行有效的控制和监督，保证以最小的消耗取得最大的经济效益。

2. 网络计划技术的特点

网络计划是由一系列箭线和节点所组成的网状图形来表示的各施工过程之间的逻辑关系。

(1) 优点。网络计划能明确反映各施工过程之间的逻辑关系，并可以进行各种时间参数的计算，有助于进行定量分析；能找出计划中影响整个工程进度的关键施工过程，便于集中精力抓施工中的主要矛盾，确保按期竣工；可以利用某些施工过程的机动时间，更好地利用和调配人力、物力，以达到降低成本的目的；可以利用计算机进行电算、调整和优化，实现科学化管理。

(2) 缺点。表达计划不直观，不易看懂；不能反映流水施工的特点；不易显示资源平衡情况；对计划人员素质要求较高等。以上不足之处可以采用时间坐标网络来弥补。

3. 网络计划的表达方法

网络计划的表达形式是网络图。所谓网络图，是指由箭线和节点组成的，用来表示工作流程的有向、有序的网状图形。

网络图根据不同的指标，又划分为各种不同的类型。不同类型的网络图在绘制、计算和优化等方面也各不相同、各有特点。

（1）双代号与单代号网络图。网络图根据绘图符号的不同，分为双代号和单代号两种形式。

双代号网络图是指组成网络图的各项工作由节点表示工作的开始和结束，以箭线表示工作的名称。

单代号网络图是指组成网络图的各项工作是由节点表示，以箭线表示各项工作的相互制约关系。用这种符号从左向右绘制而成的图形就叫单代号网络图。

（2）单目标和多目标网络图。根据网络图最终目标的多少，网络图又可分为单目标与多目标两种形式的网络图。单目标网络图是指只有一个最终目标的网络图。例如，完成一个基础工程或建造一个（构）建筑物的相互有关联的工作组成的网络图。单目标网络图可以是有时间坐标与无时间坐标的，也可以是肯定型和非肯定型的，但在一个网络图上只能有一个起点节点和一个终点节点。

多目标网络图是指由若干个独立的最终目标与其相互有关工作组成的网络图。如工业区的建筑群以及负责许多建筑工程施工的建筑机构等。

（3）有时间坐标和无时间坐标的网络图。网络图根据有无时间坐标刻度，又分为有时间坐标与无时间坐标两种形式，有时间坐标网络图又称为时标网络图。时标网络图还可以按照表示计划工期内各项工作活动的最早与最迟必须开始时间的不同相应区分为早时标网络图和迟时标网络图。

时标网络图是指在网络图上附有时间刻度（工作天数、日历天数及公休日）的网络图。时标网络图的优点是一目了然（时间明确、直观），容易发现工作进度情况；缺点是随着时间的改变，需要重新绘制网络图。

（4）局部网络图、单位工程网络图、综合网络图。根据网络图的应用对象（范围）不同，分为局部网络图、单位工程网络图及综合网络图三种。

（5）搭接网络图和非搭接网络图。按是否在图中表示不同工作活动之间的各种搭接关系，网络图还可以分为搭接网络图和非搭接网络图。

### (二) 网络计划的基本知识

1. 双代号网络图的基本符号

(1) 箭线。箭线有实箭线和虚箭线两种。

①实箭线。网络图中一端带箭头的实线即为实箭线。在双代号网络图中,它与其两端的节点表示一项工作。

一根箭线表示一项工作所消耗的时间和资源,分别用数字标注在箭线的下方和上方。一般而言,每项工作的完成都要消耗一定的时间和资源,如砌砖墙浇混凝土等;也存在只消耗时间而不消耗资源的工作,如混凝土养护、砂浆找平层干燥等技术间歇,若单独考虑时,也应作为一项工作对待。

在非时标网络图中,箭线的长度不代表时间的长短,画图时原则上是任意的,但必须满足网络图的绘制规则。在时标网络图中,其箭线的长度必须根据完成该项工作持续时间的长短按比例绘制。

箭线的方向表示工作进行的方向,应保持自左向右的总方向。箭尾表示工作的开始,箭头表示工作的结束。

箭线可以画成直线、折线和斜线。必要时,箭线也可以画成曲线,为使图形整齐,宜画成水平直线或由水平线和垂直线组成的折线。

②虚箭线。虚箭线仅表示工作之间的逻辑关系,它既不消耗时间,也不消耗资源。虚箭线可以画成水平直线、垂直线或折线。当虚箭线很短,不易表示时,则可用实箭线表示,但其持续时间应用零标注。

(2) 节点。在双代号网络图中,箭线端部的圆圈就是节点。双代号网络图中的节点表示工作之间的逻辑关系。

①节点表示前面工作结束和后面工作开始的瞬间,所以节点不需要消耗时间和资源。

②箭线的箭尾节点表示该工作的开始,箭线的箭头节点表示该工作的结束。

③根据在网络图中的位置不同,节点可以分为起点节点、终点节点和中间节点。网络图中的第一个节点就是起点节点,表示一项任务的开始;网络图的最后一个节点就是终点节点,表示一项任务的完成;除起点节点和终点节点以外的节点称为中间节点。中间节点有双重含义,它既是前面工作的

箭头节点，也是后面工作的箭尾节点。

（3）节点编号。网络图中的每个节点都要编号，以便于计算网络图时间参数和检查网络图是否正确。

①节点编号的基本规则是箭头节点编号要大于箭尾节点编号。

②节点编号的顺序是从起点节点开始，依次向终点节点进行；箭尾节点编号在前，箭头节点编号在后；凡是箭尾节点都没编号的，箭头节点不能编号。

③在一个网络图中，所有节点不能出现重复编号，编号的号码可以按自然数顺序进行，也可以非连续编号，以便适应网络计划调整中增加工作的需要。编号要留有余地。

2. 单代号网络计划的基本符号

单代号网络计划的基本符号也是箭线、节点和节点编号。

（1）箭线。单代号网络图中，箭线表示相邻工作之间的逻辑关系。箭线应画成水平直线、折线或斜线。在单代号网络图中，只有实箭线，没有虚箭线。箭线的水平投影方向应自左向右，表达工作进行的方向。

（2）节点。单代号网络图中一个节点表示一项工作，节点宜用圆圈或矩形表示。节点所表示的工作名称、持续时间和工作代号等应标注在节点内。当有两个或两个以上工作同时开始或结束时，应在网络图两端分别设置一项虚工作，作为网络图的起始节点和终点节点。

（3）节点编号。单代号网络图的节点编号规则同双代号网络图。

3. 工艺关系和组织关系

工艺关系和组织关系是工作之间先后顺序关系——逻辑关系的组成部分。

（1）工艺关系。生产性工作之间由工艺过程决定的，非生产性工作之间由工作程序决定的先后顺序关系称为工艺关系。

（2）组织关系。工作之间由于组织安排需要或资源（劳动力、原材料、施工机具等）调配需要而规定的先后顺序关系称为组织关系。

4. 紧前工作、紧后工作和平行工作

（1）紧前工作。在网络图中，相对某工作而言，紧排在该工作之前的工作称为该工作的紧前工作。在双代号网络图中，工作与其紧前工作之间可能有虚工作存在。

(2) 紧后工作。在网络图中，相对某工作而言，紧排在该工作之后的工作称为该工作的紧后工作。在双代号网络图中，工作与其紧后工作之间也可能有虚工作存在。

(3) 平行工作。在网络图中，相对某工作而言，可以与该工作同时进行的工作即为该工作的平行工作。紧前工作、紧后工作及平行工作是工作之间逻辑关系的具体表现，只要能根据工作之间的工艺关系和组织关系明确其紧前或紧后关系，即可据此绘出网络图。平行工作是正确绘制网络图的前提条件。

5. 先行工作和后续工作

(1) 先行工作。相对某工作而言，从网络图的第一个节点 (起点节点) 开始，顺箭头方向经过一系列箭线到达该工作为止的各条通路上的所有工作，都称为该工作的先行工作。

(2) 后续工作。相对某工作而言，从该工作之后开始，顺箭头方向经过一系列箭线与节点到网络图最后一个节点 (终点节点) 的各条通路上的所有工作，都称为该工作的后续工作。在建设工程进度控制中，后续工作是一个非常重要的概念。因为在工程网络计划的实施过程中，某项工作进度出现拖延，则受到影响的工作必然是该工作的后续工作。

6. 线路、关键线路和关键工作

(1) 线路。网络图中从起点节点开始，沿箭头方向顺序通过一系列箭线与节点，最后到达终点节点的通路称为线路。线路既可依次用该线路上的节点编号来表示，也可依次用该线路上的工作名称来表示。

(2) 关键线路和关键工作。在关键线路法中，线路上所有工作的持续时间总和称为该线路的总持续时间。总持续时间最长的线路称为关键线路，关键线路的长度就是网络计划的总工期。在网络计划中，关键线路可能不止一条；而且在网络计划执行过程中，关键线路还会发生转移。关键线路上的工作称为关键工作。在网络计划的实施过程中，关键工作的实际进度提前或拖后，均会对总工期产生影响。因此，关键工作的实际进度是建设工程进度控制工作中的重点。

### (三) 双代号网络进度计划的编制

1. 双代号网络图的绘制

绘制双代号网络图时，一般应遵循以下基本规则。

(1) 网络图必须按照已定的逻辑关系绘制。由于网络图是有向、有序的网状图形，所以其必须严格按照工作之间的逻辑关系绘制，这也是为保证工程质量和资源优化配置及合理使用所必需的。

(2) 网络图中严禁出现从一个节点出发，顺箭头方向又回到原出发点的循环回路。如果出现循环回路，会造成逻辑关系混乱，使工作无法按顺序进行。

(3) 网络图中的箭线 (包括虚箭线，以下同) 应保持自左向右的方向，不应出现箭头指向左方的水平箭线和箭头偏向左方的斜向箭线。若遵循该规则绘制网络图，就不会出现循环回路。

(4) 网络图中严禁出现双向箭头和无箭头的连线。

(5) 网络图中严禁出现没有箭尾节点的箭线和没有箭头节点的箭线。

(6) 严禁在箭线上引入或引出箭线。

但当网络图的起点节点有多条箭线引出 (外向箭线) 或终点节点有多条箭线引入 (内向箭线) 时，为使图形简洁，可用母线法绘图。将多条箭线经一条共用的垂直线段从起点节点引出，或将多条箭线经一条共用的垂直线段引入终点节点。特殊线型的箭线，如粗箭线、双箭线、虚箭线、彩色箭线等，可从母线上引出的支线上标出。

(7) 应尽量避免网络图中工作箭线的交叉。当交叉不可避免时，可以采用过桥法或指向法处理。

(8) 网络图中应只有一个起点节点和一个终点节点 (任务中部分工作需要分期完成的网络计划除外)。除网络图的起点节点和终点节点外，不允许出现没有外向箭线的节点和没有内向箭线的节点。

2. 绘图方法

当已知每项工作的紧前工作时，可按下述步骤绘制双代号网络图。

绘制没有紧前工作的工作箭线，使它们具有相同的开始节点，以保证网络图只有一个起点节点。

依次绘制其他工作箭线。这些工作箭线的绘制条件是其所有紧前工作箭线都已经绘制出来。在绘制这些工作箭线时，应按下列原则进行。

（1）当所要绘制的工作只有一项紧前工作时，将该工作箭线直接画在其紧前工作箭线之后即可。

（2）当所要绘制的工作有多项紧前工作时，应按以下四种情况分别予以考虑。

①对所要绘制的工作（本工作）而言，如果在其紧前工作之中存在一项只作为本工作紧前工作的工作（在紧前工作栏目中，该紧前工作只出现一次），则应将本工作箭线直接画在该紧前工作箭线之后，然后用虚箭线将其他紧前工作箭线的箭头节点与本工作箭线的箭尾。

②对所要绘制的工作（本工作）而言，如果在其紧前工作之中存在多项只作为本工作紧前工作的工作，应先将这些紧前工作箭线的箭头节点合并，再从合并后的节点开始，画出本工作箭线，最后用虚箭线将其他紧前工作箭线的箭头节点与本工作箭线的箭尾节点分别相连，以表达它们之间的逻辑关系。

③对所要绘制的工作（本工作）而言，如果不存在情况①和情况②时，应判断本工作的所有紧前工作是否都同时作为其他工作的紧前工作（在紧前工作栏目中，这几项紧前工作是否均同时出现若干次）。如果上述条件成立，应先将这些紧前工作箭线的箭头节点合并后，再从合并后的节点开始画出本工作箭线。

④对所要绘制的工作（本工作）而言如果既不存在情况①和情况②，也不存在情况③时，应将本工作箭线单独画在其紧前工作箭线之后的中部，然后用虚箭线将其各紧前工作箭线的箭头节点与本工作箭线的箭尾节点分别相连，以表达它们之间的逻辑关系。

（3）当各项工作箭线都绘制出来之后，应合并那些没有紧后工作之工作箭线的箭头节点，以保证网络图只有一个终点节点（多目标网络计划除外）。

（4）当确认所绘制的网络图正确后，即可进行节点编号。网络图的节点编号在满足前述要求的前提下，既可采用连续的编号方法，也可采用不连续的编号方法，以避免以后增加工作时而改动整个网络图的节点编号。

以上所述是已知每项工作的紧前工作时的绘图方法，当已知每项工作的紧后工作时，也可按类似的方法绘制网络图，只是其绘图顺序由前述的从左向右改为从右向左。

## 四、网络计划技术应用

### (一) 工期优化

1. 措施方法

(1) 在不影响工艺的条件下，将连续施工的工作调整为平行工作。

(2) 将顺序作业的工作调整为流水作业。

(3) 缩短关键工作的持续时间。

(4) 延长非关键工作的持续时间，节省资源，投入关键线路。

(5) 推迟非关键工作的开始时间，利用时差，进行时间优化。

(6) 从计划外调整资源。

2. 基本方法

可采用循环优化法。计算工期，确定关键线路，比较计划工期与合同工期，求出需缩短的时间，采取适当的途径压缩关键工作的持续时间，重复上述步骤，重新确定关键线路，直至工期满足要求。

### (二) 资源优化

目前对网络计划的计算与调整，都假定资源(劳动力、材料、机械、资金)的供应是完全充分的，但大多情况下，在一定时间内提供的各种资源都有一定限额，一项好的工程计划要合理使用现有资源，避免在计划中资源需求峰谷不均的现象。因此，在编制完成网络计划后，应该根据情况对网络计划进行调整，寻求规定工期和资源供应之间的相互协调和适应。资源优化目标有：工期固定，资源均衡；资源有限，工期最短。

1. 工期固定，资源均衡

"工期固定，资源均衡"是指在项目的计划工期不超过有关规定的情况下，尽量做到各阶段的资源需要量均衡，避免出现资源需求的高峰或低谷，通常可以用削峰填谷法来实现这一目的。

最理想的情况是资源需要量曲线是一水平线，但要得到这种理想的计划几乎是不可能的，事实上资源的均衡就是要接近单位时间内资源的平均数量。

削峰填谷法原则：优先推迟资源强度小的非关键工作，即单位时间内资源需要量最少的非关键工作；当资源强度相同时，优先推迟时差大的非关键工作。

步骤：①计算网络计划的节点参数、总工期，确定关键线路；②按节点最早时间绘制时标网络计划，资源需要量曲线；③按照原则进行调整。

2. 资源有限，工期最短

当一项工作的资源供应有限时，就要根据有限的资源去安排工作，常用备用库法调整。备用库法的原理：将有限资源都放在资源库中，从起点节点开始，从库中取出资源，按照一定的原则，给即将开始的工作分配资源，并考虑尽可能的最优组合，分配不到资源的工作就推迟开始时间。当工作结束后，资源返回到资源库中，当库中资源满足一项或若干项即将开始工作的要求时，从库中取出资源，进行分配，如此反复，直至所有工作都分配到资源为止。

（1）资源安排原则：①优先安排机动时间少的工作；②当机动时间相同时，优先安排持续时间短的工作。

（2）调整步骤：①计算网络计划的节点参数、总工期，确定关键线路；②按节点最早时间绘制时标网络计划，计算资源需要量曲线；③逐日检查备用库中的资源，根据库存的资源情况和优先原则安排某些工作。循环进行此过程，直至资源的每日需要量达到资源的供应限量为止。

# 第六章　公路工程施工项目质量管理

## 第一节　施工项目质量计划

### 一、公路项目质量计划的作用

"计划"是管理的主要功能之一，公路项目质量管理同样必须首先做好质量计划工作，也就是为达到质量目标在活动之前进行详细的筹划。经编制所形成的质量计划文件，其中应规定：进行质量检查和控制应依据的标准及规范；应达到的质量目标：项目施工各阶段中各部门及其人员的责任和权限的分配；应采用的特定程序、方法和作业指导书；施工阶段的试验、检验和审核的指导大纲；随施工的进展而修改和完善质量计划的方法；为达到质量目标必须采取的其他措施。

### 二、公路项目质量计划的内容

不同类型的企业，其公路项目施工质量控制计划的内容不尽相同，主要内容归纳起来有以下方面，可根据实际需要来选择采用。

(1) 项目编制依据；

(2) 项目概况；

(3) 项目质量目标；

(4) 项目质量组织机构和职责；

(5) 项目质量控制及管理组织协调的系统描述；

(6) 必要的质量控制手段、施工过程、质检、测量、检验、试验程序等；

(7) 确定关键工序和特殊过程及其作业指导书；

(8) 描述与施工阶段相适应的检验、试验、测量和验证要求；

(9) 适用的质量规范标准清单；

(10) 必需的质量记录清单；

(11) 更改和完善质量保证计划的程序。

### 三、质量计划的编制与实施

#### (一) 公路项目质量计划的编制依据

(1) 招投标文件和总承包合同中的有关要求；

(2) 公司批准发放的项目管理实施规划；

(3) 项目适用的主要质量标准规范；

(4) 公司的管理体系文件。

#### (二) 公路项目质量计划的编制应符合以下规定

(1) 质量保证计划应体现从工序、分项工程、分部工程到单位工程的全过程控制，且应体现从资源投入完成工程质量最终验收和评定的全过程质量控制。

(2) 质量保证计划应成为对外质量保证和对内质量控制的依据。

#### (三) 公路项目质量保证计划的实施应符合下列规定

(1) 项目质量部应按照分工，控制质量保证计划的实施，并应按规定保存控制记录。

(2) 当发生质量缺陷或事故时，必须分析原因、分清责任、进行整改。

## 第二节  质量控制方法

### 一、质量控制理论

#### (一) 质量保障体系

质量保证是企业向用户保证其承建的工程在规定期限内的正常使用。它体现了企业和用户之间的关系，体现企业对工程质量负责到底的精神，把现场施工的质量管理与交工后用户使用质量联系在一起。

质量保证体系，是企业以保证和提高工程质量为目标，运用系统的概念和方法，把企业各部门、各环节的质量管理职能组织起来，形成一个有明确任务、职责、权限，互相协调、互相促进的有机整体，使质量管理制度化、标准化，从而达到建造出用户满意的工程，给用户以满意的服务。

### (二) 全面质量管理

全面质量管理的基本点应该是以国家和人民的需要为依据，以用户的要求为标准，以生产技术为基础，以科学方法为手段，以全员积极参加为保证，以最大的社会经济效益为目的，以实际使用效果为最终的评价。全面质量管理可从下述几方面来理解。

1. 全面质量的管理

它不仅要对工程质量进行管理，也要对工作质量进行管理；不仅要对产品性能，也要对可靠性、安全性、环保等方面进行管理；不仅管物，也要学会管人。

2. 全过程的管理

不仅对工程的形成过程进行质量管理，还要对形成以后的过程进行质量管理。例如，公路建设项目从可行性研究、勘察、设计、辅助、施工、养护等影响工程质量的一切因素和环节都管起来，才可称为全过程的管理。

3. 全面管理

企业中各部门所有的人员都应在各自有关的工作中参与质量管理工作。

对于公路工程的全面质量管理工作，可包括如下内容：

(1) 公路工程质量与工作质量的确定与管理；

(2) 质量标准的分析与质量保证计划制订；

(3) 施工过程工程质量与工作质量的控制与检查；

(4) 辅助部门工作质量的控制与评价；

(5) 质量管理方法和手段的研究；

(6) 质量情报系统、质量管理干部培训、全体职工的质量管理教育；

(7) 质量保证专门问题的研究。

### 三、影响公路工程施工项目质量的因素

影响工程质量的因素是多维度的，从公路工程理论和实践过程中可以分析出，施工人员素质、材料优劣、机械选择、施工工艺与方法以及施工环境这五大因素对施工质量的影响最为明显。

#### (一) 施工人员的选择

在建设工程中，要做到工程全过程的质量管理，就需要贯彻以人为本的管理理念。目前，政府层面对建筑工程的监管措施包括建筑施工企业需要具备相应的营业执照、执业资格证、安全生产许可证等，才能承接相应级别的工程项目；相关人员的配置，需要具有注册建造师、注册造价师、注册安全工程师、注册测绘工程师以及施工员、质检员、造价员、合同员、安全员等其他特殊专业人员的工程师，才能满足工程建设基本要求。

#### (二) 材料的选择

公路材料的质量直接决定着公路工程主体的质量。在公路施工过程中，公路材料的成本主要占有总工程价款的百分之八十，公路工程主材一般有钢筋、混凝土、水稳、砂石、沥青等。每一种公路材料的质量标准都有自己的具体要求，如钢筋的弯拉强度、屈服强度等，石子的粒径、含水量、含泥量等，沥青的可塑性、延展性、针入度等。因此，公路材料必须经过严格检测，检验合格后的才能进入施工现场，以确保公路工程每道工序的施工均能满足质量要求。

#### (三) 机械的选择

公路工程用的机械是指在公路工程中使用的机械和构成建筑主体的工程设备。而在道路建设中，一般所说的机械设备都是指在工程建设中所用到的各种机械，很少有属于道路工程实体的设备。工程机械的运用，直接影响工程建设的技术水平，也影响工程建设的质量。道路建设中的机械装备有振捣棒、搅拌机、钢筋弯曲机、钢筋调直机、推土机、挖掘机（正铲、反铲、拉铲、抓铲）、铲运机、渣土车、压路机等。这些机械均是公路工程施工中

常用的设备。其中，在土方工程中，根据工程地形高低情况，合理选择挖土机与运输汽车，可以提高作业工效；在混凝土结构中，振捣器的振动作用可以影响混凝土的密实度，减少混凝土表面的蜂窝状麻面的发生；在路基路面工程中，通过压路机的碾压作用，能够直接影响路基的密实度和工程进度。

### （四）施工工艺与方法

施工工艺方法主要包括了工程施工、工程试验、检测技术等。在公路建设中，工程施工技术水平对工程质量起着重要作用，工程施工技术水平是一个公司实力的体现。在保证工程安全和正常使用功能的情况下，工程技术水平是质量管理水平的重要标志。

我国推出的一些新技术，如 BIM 技术、铝模板工程、大体系混凝土工程、爬升脚手架等，对预防工程质量问题做出突出贡献。明挖法、暗挖法、矿山法、盾构法技术在我国地铁、隧道工程均得到有效利用，并荣获很多国家级优秀工法奖。同时，采用先进的试验和检测手段，例如，无损伤声测管技术可以有效检测桩基工程，确保工程质量，从而提高公路工程的质量管理水平。

### （五）施工环境

环境因素是工程建设中的客观环境、社会环境、施工作业环境等。地质条件的复杂对工程质量造成了一定的影响，而地质条件对地基的稳定与安全情况产生相应的影响，比如，天然砂土、黏土的自然承载力在150MP以上时，能够在其上铺设垫层，作为箱涵的基础，但地质条件若变为粉质黏土时，则会出现较多变化，由于粉质黏土的承载力较差，必须在1500mm以下更换天然砂土，而且在施工时要进行分层夯实，直到基底标高达到一定高度，方能进行下一阶段的施工，继续进行检查，若地基承载力不达标，则需要重新填入300mm厚的3∶7灰土，才能继续施工。

在地下水位高的地质条件下，若要进行基坑开挖，必须先进行降水，一般可采用井点降水法或集水井降水法，通常采用放坡方式开挖，同时要做好防水措施，以避免雨水对工程的不利影响，如边坡失稳滑落、坍塌等，严重影响施工安全。

#### 四、公路工程施工项目的质量控制现状

路基路面的典型问题主要有路面翻浆冒土、路面塌陷、路面裂缝、路面平整度不良等，主要是由于路基压实度没有满足验收标准、填筑没有分层进行、填筑材料粗骨料粒径超标、路基路面压实遍数没有执行规范标准、路基沉降检测不及时、沥青混合料配合比达不到设计标准、水稳垫层等材料出现离析现象。为了使质量控制更有效地开展，必须认真分析施工一线的质量统计资料。

在进行路基铺装时，必须对各工序进行严格的质量检查，前一道工序验收通过后方可进行下一道工序的施工。质量检查程序需编制成质量检验记录单的台账，由质检员和施工员签字确认。将该质量检查的原始记录转交给项目部档案室管理，并将其列入竣工资料中。

#### 五、公路工程施工项目质量控制方法研究

##### (一) 路工程施工前期的质量控制

公路建设项目的前期质量管理是事前的各项准备工作，即事前的质量控制。通过对质量管理的因素分析，我们可以从质量管理的人员、材料、机械等方面着手进行早期的质量控制。

1. 人员方面

加强宣传，统一思想。加强质量创优宣传，提高全体员工的质量意识。为使质量管理工作顺利开展，组织项目部技术人员，认真学习相关规范、熟悉质量检验评定标准，以此来指导施工生产。做到人人内行，从认识上统一思想。

分工协作，各负其责。项目部的质量管理小组，机构完善、分工明确，从组织措施上使质量创优真正落到实处。落实质量管理责任制：质检部门进行质量巡查管理工作，自检员负责各自的质量自检工作。施工工序有具体的负责人、监督人，制定各自的岗位职责，明确质量责任，做到事事有人管、人人有专责。

### 2. 材料方面

要确保公路工程的工程质量，就需要从源头上对原材料进行严格的控制。物资经理应对每个进入工地的物资进行详细的登记，如材料的数量、规格等。材料进入工地后，由施工队伍物资管理部门负责对材料的品种、数量进行检验，并进行分类管理。物资储存应遵守有关物料储存的有关法规。进入现场的物资，由工程技术部门的工作人员检查有关的质量证书，并进行再次检测，不符合标准的物资材料，立即退货。

### 3. 机械、设备方面

根据 TQM 的需求，对影响工程质量的因素进行综合的管理，其中使用的设备是否先进，将会对公路工程的施工质量产生重要的影响。具体来讲，测量仪器的选择对整个工程的施工效果有很大的影响。在公路工程建设中，各种测量设备的测量与放样的精确性差异较大。由于我国各级公路建设标准规定、各种建筑施工过程中的测量标准存在着较大的差异，因此为确保工程质量的高质量完成，需要采用先进的测量仪器。以 6km 大型特长隧道为例，其贯通误差量为水平偏差为 60mm、纵偏差为 25mm、桥墩的水平偏差为 10mm、纵向偏差为 5mm。在具体工程建设中，要实现高质量的测量，准确地对工程控制网进行测量尤为重要。

### (二) 公路工程施工过程中的质量控制

在实施 TQM 的前提下，加强工程建设的全生命周期的质量控制。施工中的质量控制是保证工程质量的重要环节，而在此期间，建筑构件的成型和产品的质量也随之产生。在建设工程施工中，要采取有效的质量管理考评和奖励措施，以提升工程质量，并对各施工工艺进行全面的检验，不合理的施工工艺绝对不能实施运用。为确保公路建设的质量，工程项目部专门建立了质量管理机构，对公路工程的质量进行随机性的质量督查。在质量监督检查中，主要应用到 PDCA 循环原理：P 是制订质量检验方案计划，由质量主管按照质量问题以整改通知单的形式向分包公司提交质量问题；D 是由分包公司按整改通知单进行整改；C 是由专业质检人员对整改后的效果进行检验或由质检人员对整改情况进行自我检验，并通知专业工作人员确认；A 是对整改不合格的，纳入下一阶段的整改问题清单，转入下一轮的 PDCA 周期。

其中，质检员均须持有质检员资格专业证书，按设计交底的内容和检验表的内容逐一检验，并严格按照公路工程质量验收标准进行检验。当日，质检人员对质量检验结果进行集中讨论，或将不合格的问题加以汇总，并以《质量问题整改通知单》的形式向各具体单位发出，然后施工方出具《质量问题整改通知单回复单》，并由质检部门确认。

### （三）施工完成后的质量控制

对公路工程完工后的质量管理，要严格执行工程竣工验收的标准，对验收不合格的内容及时进行整改。并做好竣工后的工程预验收和相关工程资料的准备和整理。

首先，在公路工程按照合同施工完成后，须进行一次预验收，通过了预验收，然后再进行竣工验收。工程项目部应按照《公路工程竣工验收规范》的有关要求，组织由项目技术负责人带队的质量预检查组，对公路工程施工中发现的质量问题进行整改，及时纠正，并出具书面的最终验收报告。

其次，公路工程施工作业全部完成后，相应形成的竣工资料主要包含了工程建设的全过程的施工情况。该数据资料是可供该工程的维修、改扩建或邻近建筑物施工时参考的资料，施工单位需要把各类资料分类归档并移交给建设主管部门。

# 第三节 施工工序质量控制

## 一、工序质量控制的内容

工程质量是在施工工序中形成的，而不是靠最后检验出来的。为了把工程质量从事后检查把关，转向事前控制，达到"以预防为主"的目的，则必须加强施工工序的质量控制。

工程项目的施工过程，是由一系列相互关联、相互制约的工序所构成，工序质量是基础，直接影响工程项目的整体质量。要控制工程项目施工过程的质量，首先必须控制工序的质量。

工序质量包含两方面的内容：一是工序活动条件的质量；二是工序活动

效果的质量。从质量控制的角度来看，这两者是互为关联的，一方面要控制工序活动条件的质量，即每道工序投入品的质量（人、机械、材料、方法和环境的质量）是否符合要求；另一方面要控制工序活动效果的质量即每道工序施工完成的工程产品是否达到有关质量标准。

工序质量的控制，就是对工序活动条件的质量控制和工序活动效果的质量控制，据此来达到整个施工过程的质量控制。

## 二、工序质量控制点

### (一) 质量控制点的设置

质量控制点设置原则是根据工程的重要程度，即质量特征值对整个工程质量的影响程度来确定。为此，在设置质量控制点时，首先要对施工的工程对象做全面分析、比较，以明确质量控制点；其次进一步分析所设置的质量控制点在施工中可能出现的质量问题，或造成质量隐患的原因；最后针对隐患的原因，相应地提出对策措施予以预防。由此可见，设置质量控制点是对工程质量进行预控的有力措施。

质量控制点的涉及面较广，根据工程特点，视其重要性、复杂性、精确性、质量标准和要求，可能是复杂结构的某一工程项目，也可能是技术要求高、施工难度大的某一结构构件或分项、分部工程，也可能是影响关键质量的某一环节中的某一工序或若干工序。总之，无论是操作、材料、机械设备、施工顺序、技术参数、自然条件、工程环境等均可作为质量控制点来设置，主要视其对质量特征影响的大小及危害程度而定。

### (二) 工序质量控制点的活动内容

1. 质量控制

质量控制包括质量目标、质量标准、质量检验、统计方法和工艺流程等的控制。

2. 质量改进

质量改进包括质量波动异常原因的分析、采取的对策、开展 TQC 小组活动等。

### 三、公路工程工序质量控制原则及程序步骤

（1）描绘工作。对通过有关途径和手段收集来的质量数据资料进行整理归纳，并利用有关图表及借助必要的统计特征数，把数据的主要特征表现出来。

（2）分析工作。对经过整理、归纳或得到的有关数据进行分析发现这些数据所遵循的规律即分析其波动的倾向、趋势及其影响这种波动的原因。

（3）推断工作。根据子样对母体所遵循的规律进行推测性的判断，并据此预测母体将来可能出现的情况。这是最有意义的一项工作。但在做推断工作时必须注意子样与其所代表的母体基本条件不应有所改变。

（4）处理工作。根据对工序是否处于稳定状态的判断及原因分析决定采取响应的对策办法，来限制异常性原因的影响。

### 四、公路工程关键点的质量控制

公路工程关键点的质量控制，是根据工程的重要程度，即质量特性值对整个工程施工质量的影响程度来确定。质量关键点的涉及面较广，根据分项工程特点，其重要性、精确性、质量及技术标准，可能影响质量的某一工序或若干工序。无论是人工操作、工程材料、机械设备、施工顺序、自然条件等，都可以作为质量关键点来设置，主要根据这些工序对质量特征影响的大小而设定。

#### （一）关键的操作

例如，公路桥梁施工中预应力筋的张拉，在张拉程序中，要进行超张拉和持荷2min。在操作中，如果不进行超张拉和持荷2min，就不能可靠地建立预应力值；若张拉应力控制不准，过大或过小，就很难可靠地建立预应力值，这均会严重影响预应力的构件的质量。

#### （二）施工顺序

有些工序或操作，必须严格控制相互之间的先后顺序。如冷拉钢筋，一定要先对焊后冷拉，否则，就会失去冷强。

### (三) 人的因素

有些施工工序重点应该控制施工人员的行为，从而避免人的失误造成的工程质量问题。如高空作业、水下作业、危险作业、易燃易爆作业、重型构件吊装、复杂的机械操作及较高精确度和技术难度大的施工工序等，都应该从人的生理状况、心理素质、技术能力、思想素质等方面对操作者进行全面考核。施工前还必须反复交底，避免施工过程中出现错误的行为和操作。

### (四) 工程材料的质量和性能

工程材料的质量和性能是直接影响工程质量的主要因素；尤其是有些工序，更应加强对材料质量和性能的控制。如预应力钢筋加工，就要求钢筋均质、弹性模量一致，其中含硫（S）量和含磷（P）量不能过大，避免发生热脆和冷脆现象；Ⅳ级钢筋可焊性差，易热脆，用作预应力筋时，应尽量避免对焊接头，焊后要进行通电热处理。

### (五) 技术参数

有些技术参数与质量密切相关，亦必须严格控制。例如，外加剂的掺量、混凝土的水灰比、回填土和三合土的最佳含水量、灰缝的饱满度、防水混凝土的抗渗标号等，都将直接影响强度、密实度、抗渗性和耐冻性，亦应作为工序质量关键点。

### (六) 技术间隙

有些工序之间的技术间歇时间性很强，如不严格控制亦会影响质量。如沥青路面面层进行摊铺时，摊铺和碾压的间隔时间要严格控制，以保证碾压时的最佳温度，确保碾压效果。

# 第四节　工程质量问题的分析与处理

## 一、公路工程质量问题的类型

施工项目质量问题表现的形式多种多样，诸如建筑结构的错位、变形、倾斜、倒塌、破坏、开裂、渗水、漏水、刚度差、强度不足、断面尺寸不准等，但究其原因，可归纳为：

(1) 违背建设程序导致的质量问题；

(2) 工程地质勘查失误导致的质量问题；

(3) 地基未加固处理好而导致的质量问题；

(4) 设计计算有误导致的质量问题；

(5) 建筑材料及制品不合格导致的质量问题；

(6) 施工和管理不当导致的质量问题；

(7) 自然条件影响导致的质量问题；

(8) 建筑结构使用不当导致的质量问题。

## 二、公路工程质量问题产生的原因

### (一) 违背建设程序

例如，不经可行性论证，不做调查分析就拍板定案；没有搞清工程、水文地质情况就仓促开工；无证设计，无图施工；任意修改设计，不按图纸施工；工程竣工不进行试运行、不经验收就交付使用等盲干现象，致使不少工程项目留有严重隐患，倒塌事故时有发生。

### (二) 工程地质勘察原因

未认真进行地质勘查，提供地质资料、数据有误；地质勘查时，钻孔间距过大，不能全面反映地基的实际情况，如当基岩地面起伏变化较大时，软土层厚薄相差亦较大，地质勘查钻孔深度不够，没有查清地下软土层、滑坡、墓穴、孔洞等地层构造；地质勘查报告不详细、不准确等，均会导致采用错误的基础方案，造成地基不均匀沉降、失稳，使上部结构及墙体开裂、破坏、倒塌。

### (三) 未加固处理好地基

对软弱土、冲填土、杂填土、湿陷性黄土、膨胀土、岩层出露、熔岩、土洞等不均匀地基未进行加固处理或处理不当，均是导致重大质量问题的原因。必须根据不同地基的工程特性，按照地基处理应与上部结构相结合，是其共同工作的原则，从地基处理、设计措施、结构措施、防水措施、施工措施等方面综合考虑治理。

### 三、公路工程质量问题处理程序

质量事故发生后，应及时组织调查处理。调查的主要目的是确定事故的范围、性质、影响和原因等，通过调查为事故的分析与处理提供依据，一定要力求全面、准确、客观。调查结果要整理撰写成事故调查报告，其内容包括：①工程概况，重点介绍事故有关部分的工程情况；②事故情况，事故发生时间、性质、现状及发展变化的情况；③是否需要采取临时应急防护措施；④事故调查中的数据、资料；⑤事故原因的初步判断；⑥事故涉及人员与主要责任者的情况等。

事故原因分析要建立在事故情况调查的基础上，避免情况不明就主观分析推断事故的原因。尤其是有些事故，其原因错综复杂，往往涉及勘察、设计、施工、材质、使用、管理等方面，只有对调查提供的数据、资料进行详细分析后，才能去伪存真，找到造成事故的主要原因。

事故的处理要建立在原因分析的基础上，对有些事故一时认识不清时，只要事故不致产生严重的恶化，可以继续观察一段时间，并做进一步调查分析，不要急于求成，以免造成同一事故多次处理的不良后果。事故处理的基本要求：安全可靠、不留隐患、满足建筑功能和使用要求、技术可行、经济合理、施工方便。在事故处理中，还必须加强质量检查和验收。对每个质量事故，无论是否需要处理都要经过分析，做出明确的结论。

## 四、公路工程常见质量问题分析

### (一) 软土地基沉陷问题及防治措施

公路建设在软土地基上进行施工时,经常会出现因地基的强度不够而产生形变的状况。这样的地基类型是不能满足工程建设要求的。

软土地基沉陷是近年来公路建设中经常出现的沉降,滑陷、坍塌等的沉陷。由其特性决定的软土地含水量较大,承载低,抗剪强度低。造成下部构造为分离式扩大。上部沉降竟达10cm,经过到现场对出现的原因进行分析,得出是由软土地基的超限沉降引起。在软土地基路段进行碾压时,预压时间必须达到标准,否则就会出现沉降量过大,路面产生大的不平整和横向裂缝。如果路基压实度不够或地基处理不当,引起面层网裂及局部松散、变形等,形成坑洞。如果构造物两端填土压实度不够,还易引起桥头跳车。

对于软土地基这种问题,应采取的措施主要是强夯、强压或使用土工织物。还有进行换填土,换渗水性好的土,对基底进行加固。对含水量大的粉性土质的软土地基,还要设置白灰粗砂桩。如果软土地为膨胀土的,需要进行换填,如果条件不具备,换填执行不了,须对膨胀土掺加一定数量的水泥或石灰进行改良,路基有坑洞的,应筛选生石灰块加水泥,粗砂搅匀后填充,填层用木棍捣实。这些措施都能提高地基的承载力。

### (二) 沥青路面破损问题及防治措施

对于沥青面层的施工,如采用不合格的沥青,基层材料设计和施工不合适等原因,容易引起面层横向裂缝过多,路面基层材料的收缩会形成沥青表面的反射缝,也会引起早期破损。其余由于施工温度偏低。例如,搅和料到场和经压温度偏低,低温不过度碾压,以及材料配合比不合适。引起路面破损的原因还有路面基层,甚至路床、基底的承载力不大、弯沉值过大等。

针对这种问题应加强施工技术管理,在搅拌沥青混合料时,用试验检测合格的沥青,碎石、矿粉等材料也必须合格。拌制沥青混合料时,应控制好温度,防止加热过度,出现烧焦现象,温度根据石油沥青标号而定,一般70#普通石油沥青,拌和温度145℃～165℃,90#普通石油沥青,拌和温度

140℃～160℃。在摊铺碾压过程中，要考虑基层，面层的综合强度，以及路面的舒适性、安全性、耐久性。要严把沥青混合料进场，摊铺的质量关，摊铺、初压、稳压时的温度还要严格控制，碾压时严格按操作规程施工，防止横向裂缝的产生。纵横的接缝的处理严格按《沥青路面施工及验收规范》（GB 50092-1996）操作。在特殊地区，如潮湿、寒冷、高温地区应用新型沥青混合料。

### （三）水泥混凝土路面破裂的问题及防治措施

对水泥混凝土面层，容易出现的问题类型有裂缝类、变形类、接缝类、表面层类等。造成以上问题的主要原因有混凝土的强度偏低，水灰比严重失调，伸缩缝留置不合理，路基强度不均匀，养护不到位，过早放行交通，超载车辆碾压等，使得混凝土面层发生断裂。

针对这种问题应采取的措施有拌制水泥混合料时，用符合要求的水泥、碎石、沙子等原材料，特别是水泥、沙子的质量，直接影响混凝土的强度，配置水泥混合料时，用适合现场施工的配比，特别是水灰比的比例一定要适当。另外，在现场施工中碎石级配、一定要按照配合比执行，若需调整，原材料一定要送试验检测单位，重新做配合比。养生要及时准确，不能过早洒水，以免造成表层起砂，在强度达到放行标准时，才准许开放交通，村级公路，设计标准低，一般自行设桩，限制大型，超载车辆通过。

# 参考文献

[1] 李双祥.高速公路交通工程建设和养护管理研究 [M].延吉：延边大学出版社，2022.

[2] 袁江.高速公路工程施工与管理 [M].长春：吉林科学技术出版社，2022.

[3] 杨利民，翟志勇，崔云龙.公路工程施工技术建设与创新 [M].长春：吉林科学技术出版社，2021.

[4] 艾建杰，罗清波，尹紫红，等.公路工程施工技术 [M].重庆：重庆大学出版社，2020.

[5] 马波，陈大学，黄裕群.公路工程施工技术与管理研究 [M].北京：文化发展出版社，2021.

[6] 李燕鹰，张爱梅，钱晓明.公路桥梁工程施工与养护技术 [M].长春：吉林科学技术出版社，2021.

[7] 刘志，彭东黎，叶生.公路工程施工技术应用 [M].延吉：延边大学出版社，2023.

[8] 袁跟房.公路工程施工与技术 [M].延吉：延边大学出版社，2022.

[9] 赵福君，王怡森，易亮.公路桥梁施工技术与管理研究 [M].北京：现代出版社，2023.

[10] 张国祥，陈金云，张好霞.公路与桥梁施工技术及管理研究 [M].北京：文化发展出版社，2020.

[11] 康海波，罗春雨，张睿，等.特长公路隧道施工通风技术创新与实践 [M].成都：西南交通大学出版社，2023.

[12] 于健，涂明，李芳平.公路工程施工技术与隧道建设 [M].长春：吉林科学技术出版社，2023.

[13] 吴大勇，赵战丰，王栋.公路隧道施工与安全技术研究 [M].北京：北京工业大学出版社，2021.

[14] 王晶，姜琴，李双祥.路桥工程建设与公路施工管理 [M].汕头：汕头大学出版社，2022.

[15] 罗国富，宋阳，刘爱萍.公路工程施工与管理 [M].长春：吉林科学技术出版社，2022.

[16] 王胤，常文华，李智龙.公路工程施工与管理 [M].长春：吉林科学技术出版社，2020.

[17] 张慧.公路施工安全与管理研究 [M].长春：吉林科学技术出版社，2022.

[18] 张磊，周裔聪，林培进.公路桥梁施工与项目管理研究 [M].延吉：延边大学出版社，2022.

[19] 毛喜玲，董三峡，曹华恒.公路桥梁施工质量控制及安全管理 [M].哈尔滨：东北林业大学出版社，2023.